UNRECONCILED

Also by Michel Houellebecq

Fiction
Whatever
Atomised
Platform
Lanzarote
The Possibility of an Island
The Map and the Territory
Submission

Non-fiction
H. P. Lovecraft: Against the World, Against Life
Public Enemies (with Bernard-Henri Lévy)

Poetry
La Pursuite du bonheur
Le Sens du combat (*The Art of Struggle*)
Renaissance
Poésies
Configuration du dernier rivage

Michel Houellebecq

UNRECONCILED

POEMS 1991–2013

Translated from the French by Gavin Bowd

WILLIAM HEINEMANN: LONDON

1 3 5 7 9 10 8 6 4 2

William Heinemann
20 Vauxhall Bridge Road
London SW1V 2SA

William Heinemann is part of the Penguin Random House group of companies
whose addresses can be found at global.penguinrandomhouse.com.

 Penguin
Random House
UK

First published in Great Britain by William Heinemann in 2017
First published in France in 2014 by Éditions Gallimard under the title *Non réconcilié:
Anthologie personnelle 1991-2013*

www.penguin.co.uk

A CIP catalogue record for this book is available from the British Library.

ISBN 9781785150234

Set in 11/14 pt Minion
Typeset by Jouve (UK), Milton Keynes
Printed and bound by Clays Ltd, St Ives plc

Penguin Random House is committed to a sustainable future
for our business, our readers and our planet. This book is made
from Forest Stewardship Council® certified paper.

Contents

To live without a fulcrum, surrounded by the void

A steel triangle severs the landscape

I am in a tunnel made of compact rocks

UNRECONCILED

D'abord j'ai trébuché dans un congélateur

First I stumbled into a freezer

HYPERMARCHÉ – NOVEMBRE

D'abord j'ai trébuché dans un congélateur,
J'me suis mis à pleurer et j'avais un peu peur
Quelqu'un a grommelé que je cassais l'ambiance,
Pour avoir l'air normal j'ai repris mon avance.

Des banlieusards sapés et au regard brutal
Se croisaient lentement près des eaux minérales;
Une rumeur de cirque et de demi-débauche
Montait des rayonnages. Ma démarche était gauche.

Je me suis écroulé au rayon des fromages;
Il y avait deux vieilles dames qui portaient des sardines.
La première se retourne et dit à sa voisine:
'C'est bien triste, quand même, un garçon de cet âge.'

Et puis j'ai vu des pieds circonspects et très larges;
Il y avait un vendeur qui prenait des mesures.
Beaucoup semblaient surpris par mes nouvelles chaussures;
Pour la dernière fois j'étais un peu en marge.

HYPERMARKET – NOVEMBER

First I stumbled into a freezer,
I began to cry and felt a bit scared
Someone grumbled I spoiled the atmosphere,
To look normal I resumed my advance.

Well-dressed suburbanites with brutal eyes
Passed slowly near the bottled water;
A murmur of disorder, of semi-debauchery,
Rose from the shelves. My steps were clumsy.

I collapsed at the cheese counter;
Two old ladies were carrying sardines.
The first turned to tell her neighbour:
'It's sad, all the same, for a boy that age.'

Then I saw some very wide and wary feet;
A sales assistant was taking measurements.
Many seemed surprised by my new shoes;
For the last time I felt slightly cut off.

APRÈS-MIDI BOULEVARD PASTEUR

Je revois les yeux bleus des touristes allemands
Qui parlaient société devant un formidable.
Leurs 'Ach so' réfléchis, un peu nerveux pourtant,
Se croisaient dans l'air vif; ils étaient plusieurs tables.

Sur ma gauche causaient quelques amis chimistes:
Nouvelles perspectives en synthèse organique!
La chimie rend heureux, la poésie rend triste,
Il faudrait arriver à une science unique.

Structure moléculaire, philosophie du moi
Et l'absurde destin des derniers architectes;
La société pourrit, se décompose en sectes:
Chantons l'alléluia pour le retour du roi!

AFTERNOON ON THE BOULEVARD PASTEUR

I can still see the blue eyes of German tourists
Discussing society over their beers.
Their thoughtful '*Ach so*'s, slightly nervous perhaps,
Crossed the fresh air; they filled several tables.

A few chemistry friends chatted on my left:
New perspectives in organic synthesis!
Chemistry makes you happy, poetry makes you sad,
We would have to arrive at a single science.

Molecular structure, philosophy of the self
And the absurd fate of the last architects;
Society rots, decomposes into sects;
Let's sing hallelujah for the return of the king!

CHÔMAGE

Je traverse la ville dont je n'attends plus rien
Au milieu d'êtres humains toujours renouvelés
Je le connais par cœur, ce métro aérien;
Il s'écoule des jours sans que je puisse parler.

Oh! ces après-midi, revenant du chômage
Repensant au loyer, méditation morose
On a beau ne pas vivre, on prend quand même de l'âge
Et rien ne change à rien, ni l'été, ni les choses.

Au bout de quelques mois on passe en fin de droits
Et l'automne revient, lent comme une gangrène;
L'argent devient la seule idée, la seule loi,
On est vraiment tout seul. Et on traîne, et on traîne . . .

Les autres continuent leur danse existentielle,
Vous êtes protégé par un mur transparent,
L'hiver est revenu; leur vie semble réelle.
Peut-être, quelque part, l'avenir vous attend.

UNEMPLOYMENT

Crossing a city offering nothing any more
Amongst human beings endlessly renewed
I know it by heart, this overground metro;
Days pass by without me saying a word.

Oh! these afternoons, coming home from unemployment
Thinking again of the rent, morose meditation
We may not live, but we get old all the same
And nothing changes nothing, neither summer, nor things.

After a few months you run out of benefits
And autumn returns, slow as gangrene;
Money becomes the only thought, the only law,
You're truly alone. And you drag on, and you drag on . . .

Others continue their existential dance,
You're protected by a transparent wall,
Winter has returned; their life seems real.
Maybe, somewhere, the future awaits you.

Le jour monte et grandit, retombe sur la ville,
Nous avons traversé la nuit sans délivrance
J'entends les autobus et la rumeur subtile
Des échanges sociaux. J'accède à la présence.

Aujourd'hui aura lieu. La surface invisible
Délimitant dans l'air nos êtres de souffrance
Se forme et se durcit à une vitesse terrible;
Le corps, le corps pourtant, est une appartenance.

Nous avons traversé fatigues et désirs
Sans retrouver le goût des rêves de l'enfance,
Il n'y a plus grand-chose au fond de nos sourires,
Nous sommes prisonniers de notre transparence.

The sun rises and grows, falls back on the city,
We have passed through the night without deliverance
I hear the buses and the subtle murmur
Of social exchanges. I reach presence.

Today will take place. The invisible surface
Marking the air with our suffering beings
Forms and hardens at a terrible speed;
The body, the body however, grants belonging.

We have passed through weariness and desires
Without finding the taste of childhood dreams,
There is nothing left behind our smiles,
We are prisoners of our transparency.

RÉPARTITION – CONSOMMATION

I.   J'entendais des moignons frotter,
         L'amputé du palier traverse
         La concierge avait des alliés
         Qui nettoyaient après l'averse

         Le sang des voisines éventrées,
         Il fallait que cela se passe
         Discussions sur la vérité,
         Mots d'amour qui laissent des traces.

         La voisine a quitté l'immeuble,
         La cuisinière est arrivée;
         J'aurais dû m'acheter des meubles,
         Tout aurait pu être évité.

         Puisqu'il fallait que tout arrive
         Jean a crevé les yeux du chat
         Monades isolées qui dérivent,
         Répartitions et entrechats.

DISTRIBUTION – CONSUMPTION

I.   I could hear stumps rubbing,
          The amputated man next door
          The concierge had allies
          Who cleaned after the rain

          The blood of disembowelled neighbours,
          It had to come to pass
          Discussions about truth,
          Words of love leaving traces.

          The woman next door left the building,
          The cook arrived;
          I should have bought some furniture,
          All this could have been avoided.

          Since everything had to happen
          Jean has burst the eyes of the cat
          Isolated monads drifting,
          Distribution and *entrechats*.

II. Au milieu des fours micro-ondes,
Le destin des consommateurs
S'établit à chaque seconde;
Il n'y a pas de risque d'erreur.

Sur mon agenda de demain,
J'avais inscrit: 'Liquide vaisselle';
Je suis pourtant un être humain:
Promotion sur les sacs-poubelle!

À tout instant ma vie bascule
Dans l'hypermarché Continent
Je m'élance et puis je recule,
Séduit par les conditionnements.

Le boucher avait des moustaches
Et un sourire de carnassier,
Son visage se couvrait de taches . . .
Je me suis jeté à ses pieds!

II.   Amidst microwave ovens,
The fate of consumers
Is decided every second;
There is no room for error.

On my list for tomorrow,
I'd put: 'Washing up liquid';
Yet I'm a human being:
Bin-bag promotion!

At any moment my life changes
In the Continent hypermarket
I rush forward then retreat,
Seduced by packagings.

The butcher had a moustache
And a carnivorous smile,
His face was covered in spots . . .
I threw myself at his feet!

III.   J'ai croisé un chat de gouttière,
        Son regard m'a tétanisé
        Le chat gisait dans la poussière,
        Des légions d'insectes en sortaient.

        Ton genou de jeune otarie
        Gainé dans un collant résille
        Se pliait sans le moindre bruit;
        Dans la nuit, les absents scintillent.

        J'ai croisé un vieux prolétaire
        Qui cherchait son fils disparu
        Dans la tour GAN, au cimetière
        Des révolutionnaires déçus.

        Tes yeux glissaient entre les tables
        Comme la tourelle d'un char;
        Tu étais peut-être désirable,
        Mais j'en avais tout à fait marre.

III.   I came across an alley cat,
Its eyes paralysed me
The cat lay in the dust,
Legions of insects crawled from it.

Your young sea-lion knee
Sheathed in a fishnet stocking
Bent without the slightest sound;
In the night, the absent burn bright.

I met an old proletariat,
Who sought his missing son
In the Tour GAN, at the cemetery
Of disappointed revolutionaries.

Your eyes swivelled between the tables
Like the turret of a tank;
Perhaps you were desirable,
But I was completely fed up.

L'AMOUR, L'AMOUR.

Dans un ciné porno, des retraités poussifs
Contemplaient, sans y croire,
Les ébats mal filmés de deux couples lascifs;
Il n'y avait pas d'histoire.

Et voilà, me disais-je, le visage de l'amour,
L'authentique visage;
Certains sont séduisants; ils séduisent toujours,
Et les autres surnagent.

Il n'y a pas de destin ni de fidélité,
Mais des corps qui s'attirent;
Sans nul attachement et surtout sans pitié,
On joue et on déchire.

Certains sont séduisants et partant très aimés;
Ils connaîtront l'orgasme.
Mais tant d'autres sont las et n'ont rien à cacher,
Même plus de fantasmes;

Juste une solitude aggravée par la joie
Impudique des femmes;
Juste une certitude: 'Cela n'est pas pour moi',
Un obscur petit drame.

Ils mourront c'est certain un peu désabusés,
Sans illusions lyriques;
Ils pratiqueront à fond l'art de se mépriser,
Ce sera mécanique.

LOVE, LOVE.

In a porn cinema, wheezing pensioners
Contemplated, incredulous,
The badly filmed frolics of lusty couples;
There was no story line.

And that, I thought, is the face of love,
The genuine face;
Some are seductive; they always seduce,
And others struggle on.

There is neither destiny nor fidelity,
Just bodies that attract;
With no attachment and especially no pity,
We play and tear apart.

Some are seductive and therefore much loved;
They will know orgasms.
But so many others are weary, with nothing to hide,
Not even phantasms;

Just a solitude aggravated by the immodest
Joy of women;
Just a certainty: 'That's not for me',
An obscure little drama.

They will certainly die slightly disappointed,
Without lyrical illusions;
They will practise fully the art of self-hate,
It will be mechanical.

Je m'adresse à tous ceux qu'on n'a jamais aimés,
Qui n'ont jamais su plaire;
Je m'adresse aux absents du sexe libéré,
Du plaisir ordinaire.

Ne craignez rien, amis, votre perte est minime:
Nulle part l'amour n'existe;
C'est juste un jeu cruel dont vous êtes les victimes,
Un jeu de spécialistes.

I address all those who have never been loved,
Who have never pleased;
I address those absent from liberated sex,
From ordinary pleasure.

Fear nothing, my friends, your loss is slim:
Nowhere does love exist;
It's just a cruel game where you are the victims,
A game for specialists.

MIDI

La rue Surcouf s'étend, pluvieuse;
Au loin, un charcutier-traiteur.
Une Américaine amoureuse
Écrit à l'élu de son cœur.

La vie s'écoule à petits coups;
Les humains sous leur parapluie
Cherchent une porte de sortie
Entre la panique et l'ennui
(Mégots écrasés dans la boue).

Existence à basse altitude,
Mouvements lents d'un bulldozer;
J'ai vécu un bref interlude
Dans le café soudain désert.

MIDDAY

The Rue Surcouf stretches out, wet with rain;
In the distance, a delicatessen.
An American in love
Writes to her sweetheart.

Life passes in little drops;
Humans under their umbrellas
Seek a way out
Between panic and boredom
(Cigarettes crushed in the mud).

Existence at low altitude,
Slow movements of a bulldozer;
I have lived a brief interlude
In the suddenly empty café.

Comme un week-end en autobus,
Comme un cancer à l'utérus,
La succession des événements
Obéit toujours à un plan.

Toutefois, les serviettes humides,
Le long des piscines insipides
Détruisent la résignation
Le cerveau se met en action

Il envisage les conséquences
De certaines amours de vacances,
Il aimerait se détacher
De la boîte crânienne tachée.

On peut nettoyer sa cuisine,
Dormir à la Mépronizine,
La nuit n'est jamais assez noire
Pour en finir avec l'histoire.

Like a weekend on a bus,
Like a tumour in the uterus,
The sequence of events
Always follows a plan.

Yet, the damp towels,
Beside the insipid pools
Destroy complaisance
The brain goes into action

It sees the consequences
Of certain holiday romances,
It would like to detach itself
From the stained cranium.

You can clean your kitchen,
Sleep on Mepronizine,
Night is never dark enough
To put an end to it all.

JIM

Tant que tu n'es pas là, je t'attends, je t'espère;
C'est une traversée blanche et sans oxygène.
Les passants égarés sont bizarrement verts;
Au fond de l'autobus je sens craquer mes veines.

Un ami de toujours m'indique l'arrêt Ségur.
C'est un très bon garçon, il connaît mes problèmes;
Je descends je vois Jim, il descend de voiture,
Il porte à son blouson je ne sais quel emblème.

Parfois Jim est méchant, il attend que j'aie mal;
Je saigne sans effort; l'autoradio fredonne,
Puis Jim sort ses outils; il n'y a plus personne,
Le boulevard est désert. Pas besoin d'hôpital.

JIM

For as long as you're not there, I wait, I hope for you;
It's a white journey, without oxygen.
The lost passers-by are strangely green;
At the back of the bus I feel my veins burst.

An old friend points me towards the Ségur stop.
He's a great boy, he knows my problems;
I get off I see Jim, he gets out of the car,
He wears on his jacket an unknown emblem.

Sometimes Jim is cruel, he waits for me to feel pain;
I bleed effortlessly; the car radio hums,
Then Jim takes out his tools; there's no one left,
The boulevard is deserted. No need for a hospital.

J'aime les hôpitaux, asiles de souffrance
Où les vieux oubliés se transforment en organes
Sous les regards moqueurs et pleins d'indifférence
Des internes qui se grattent en mangeant des bananes.

Dans leurs chambres hygiéniques et cependant sordides
On distingue très bien le néant qui les guette
Surtout quand le matin ils se dressent, livides,
Et réclament en geignant leur première cigarette.

Les vieux savent pleurer avec un bruit minime,
Ils oublient les pensées et ils oublient les gestes
Ils ne rient plus beaucoup, et tout ce qui leur reste
Au bout de quelques mois, avant la phase ultime,

Ce sont quelques paroles, presque toujours les mêmes:
Merci je n'ai pas faim, mon fils viendra dimanche,
Je sens mes intestins, mon fils viendra quand même.
Et le fils n'est pas là, et leurs mains presque blanches.

I love hospitals, asylums of suffering
Where the forgotten old turn into organs
Beneath the mocking and utterly indifferent eyes
Of interns who scratch themselves, eating bananas.

In their hygienic yet sordid bedrooms
You see clearly the nothingness awaiting them
Especially in the morning when they rise, pale,
And moan for their first cigarette.

The old know how to cry with minimum noise,
They forget their thoughts and forget their gestures
They no longer laugh much, and all they have left
After a few months, before the final phase,

Are a few words, almost always the same:
Thanks but I'm not hungry, my son will come on Sunday,
I smell of my intestines, my son will come all the same.
And the son is not there, and their hands almost white.

Tant de cœurs ont battu, déjà, sur cette terre
Et les petits objets blottis dans leurs armoires
Racontent la sinistre et lamentable histoire
De ceux qui n'ont pas eu d'amour sur cette terre.

La petite vaisselle des vieux célibataires
Les couverts ébréchés de la veuve de guerre
Mon Dieu! Et les mouchoirs des vieilles demoiselles
L'intérieur des armoires, que la vie est cruelle!

Les objets bien rangés et la vie toute vide
Et les courses du soir, restes d'épicerie,
Télé sans regarder, repas sans appétit

Enfin la maladie, qui rend tout plus sordide,
Et le corps fatigué qui se mêle à la terre,
Le corps jamais aimé qui s'éteint sans mystère.

So many hearts have beaten, already, on this Earth
And the little objects tucked in their wardrobes
Tell the sinister and lamentable story
Of those who have never known love on this Earth.

The modest crockery of old bachelors
The nicked cutlery of the war widow
My God! And the handkerchiefs of old spinsters
The insides of wardrobes, how cruel life is!

Objects well-arranged and life completely empty
The evening shopping, leftover groceries,
TV without watching, meals without appetite

Finally illness, making it all the more sordid,
And the tired body mixing with the earth,
The unloved body dying without mystery.

La mort est difficile pour les vieilles dames trop riches
Entourées de belles-filles qui les appellent 'ma biche',
Pressent un mouchoir de lin sur leurs yeux magnifiques,
Évaluent les tableaux et les meubles antiques.

Je préfère la mort des vieux de HLM
Qui s'imaginent encore jusqu'au bout qu'on les aime,
Attendant la venue du fils hypothétique
Qui paierait le cercueil en sapin authentique.

Les vieilles dames trop riches finissent au cimetière
Entourées de cyprès et d'arbustes en plastique
C'est une promenade pour les sexagénaires,
Les cyprès sentent bon et chassent les moustiques.

Les vieux de HLM finissent au crématoire
Dans un petit casier à l'étiquette blanche.
Le bâtiment est calme: personne, même le dimanche,
Ne dérange le sommeil du très vieux gardien noir.

Death is difficult for old ladies who are too rich
Surrounded by daughters-in-law who call them 'my dear',
They press a linen handkerchief to their magnificent eyes,
Assess the paintings and antique furniture.

I prefer the deaths of the council-flat old
Who imagine till the end that they are loved,
Awaiting the visit of hypothetical sons
Who would pay for a coffin in authentic pine.

The too-rich old ladies end up in the cemetery
Surrounded by cypresses and plastic shrubs
It's a nice walk for sixtysomethings,
The cypresses smell good and repel mosquitos.

The council-flat old end up at the crematorium
In a little cabinet with a white label.
The building is calm: nobody, not even on Sundays,
Disturbs the sleep of the old black caretaker.

Mon père était un con solitaire et barbare;
Ivre de déception, seul devant sa télé,
Il ruminait des plans fragiles et très bizarres,
Sa grande joie étant de les voir capoter.

Il m'a toujours traité comme un rat qu'on pourchasse;
La simple idée d'un fils, je crois, le révulsait,
Il ne supportait pas qu'un jour je le dépasse
Juste en restant vivant alors qu'il crèverait.

Il mourut en avril, gémissant et perplexe;
Son regard trahissait une infinie colère;
Toutes les trois minutes il insultait ma mère,
Critiquait le printemps, ricanait sur le sexe.

À la fin, juste avant l'agonie terminale,
Un bref apaisement parcourut sa poitrine;
Il sourit en disant: 'Je baigne dans mon urine',
Et puis il s'éteignit avec un léger râle.

My dad was a solitary and barbarous cunt;
Drunk with disappointment, alone in front of the TV,
He chewed over fragile and very bizarre plans,
Finding great joy in seeing them collapse.

He always treated me like a rat you hunt;
The mere idea of a son, I think, revolted him,
He could not bear that one day I'd overtake him
Just by staying alive while he croaked.

He died in April, moaning and perplexed;
His eyes revealed an infinite anger;
Every three minutes he insulted my mother,
Criticised spring, sniggered about sex.

At the end, just before the last agony,
A brief calm passed through his chest;
He smiled, saying: 'I bathe in my urine',
Then expired with a faint groan.

FIN DE PARCOURS POSSIBLE

À quoi bon s'agiter? J'aurai vécu quand même,
Et j'aurai observé les nuages et les gens
J'ai peu participé, j'ai tout connu quand même
Surtout l'après-midi, il y a eu des moments.

La configuration des meubles de jardin
Je l'ai très bien connue, à défaut d'innocence;
La grande distribution et les parcours urbains,
Et l'immobile ennui des séjours de vacances.

J'aurai vécu ici, en cette fin de siècle,
Et mon parcours n'a pas toujours été pénible
(Le soleil sur la peau et les brûlures de l'être);
Je veux me reposer dans les herbes impassibles.

Comme elles je suis vieux et très contemporain,
Le printemps me remplit d'insectes et d'illusions
J'aurai vécu comme elles, torturé et serein,
Les dernières années d'une civilisation.

POSSIBLE JOURNEY'S END

Why be anxious? I'll have lived all the same,
And observed clouds and people
I've participated little, I've known everything all the same
Especially in the afternoon, there have been moments.

The configuration of garden furniture
I've known very well, for want of innocence;
Supermarkets and urban routes,
The immobile boredom of holidays.

I'll have lived here, at this century's end,
And my journey hasn't always been painful
(Sun on the skin and the burns of being);
I want to rest on the impassive grass.

Like the grass I am old and of this time,
Spring fills me with insects and illusions
I too will have lived, tortured and serene,
The last years of a civilisation.

FIN DE SOIRÉE

En fin de soirée, la montée de l'écœurement est un phénomène inévitable. Il y a une espèce de planning de l'horreur. Enfin, je ne sais pas; je pense.

L'expansion du vide intérieur. C'est cela. Un décollage de tout événement possible. Comme si vous étiez suspendu dans le vide, à équidistance de toute action réelle, par des forces magnétiques d'une puissance monstrueuse.

Ainsi suspendu, dans l'incapacité de toute prise concrète sur le monde, la nuit pourra vous sembler longue. Elle le sera, en effet.

Ce sera, pourtant, une nuit protégée; mais vous n'apprécierez pas cette protection. Vous ne l'apprécierez que plus tard, une fois revenu dans la ville, une fois revenu dans le jour, une fois revenu dans le monde.

Vers neuf heures, le monde aura déjà atteint son plein niveau d'activité. Il tournera souplement, avec un ronflement léger. Il vous faudra y prendre part, vous lancer – un peu comme on saute sur le marchepied d'un train qui s'ébranle pour quitter la gare.

Vous n'y parviendrez pas. Une fois de plus, vous attendrez la nuit – qui pourtant, une fois de plus, vous apportera l'épuisement, l'incertitude et l'horreur. Et cela recommencera ainsi, tous les jours, jusqu'à la fin du monde.

EVENING'S END

At evening's end, the rise of nausea is an inevitable phenom-enon. There is a sort of schedule of horror. Well, I don't know; I'm thinking.

The expansion of an internal void. That's it. Detachment from any possible event. As if you were suspended in the void, equidistant from any real action, by monstrously powerful magnetic forces.

Thus suspended, unable to have any concrete grasp on the world, the night might seem long to you. It will be, in fact.

It will, however, be a protected night; but you will not appreciate this protection. You will only appreciate it later, once you have returned to the city, returned to the daytime, returned to the world.

Around nine o'clock, the world will already have reached its full level of activity. It will turn smoothly, with a faint purr. You will have to take part in it, leap – a bit like when you jump onto the step of a train moving out of the station.

You will not succeed. Once again, you will wait for the night – once again, however, it will bring you exhaustion, uncertainty and horror. And that will begin again, every day, until the end of the world.

Le lobe de mon oreille droite est gonflé de pus et de sang. Assis devant un écureuil de plastique rouge symbolisant l'action humanitaire en faveur des aveugles, je pense au pourrissement prochain de mon corps. Encore une souffrance que je connais mal et qui me reste à découvrir, pratiquement dans son intégralité. Je pense également et symétriquement, quoique de manière plus imprécise, au pourrissement et au déclin de l'Europe.

Attaqué par la maladie, le corps ne croit plus à aucune possibilité d'apaisement. Mains féminines, devenues inutiles. Toujours désirées, cependant.

My right earlobe is swollen with pus and blood. Sitting in front of a red plastic squirrel symbolising humanitarian action in favour of the blind, I think of the imminent rotting of my body. Another form of suffering I know very little about and that remains, practically in its entirety, for me to discover. I think equally and symmetrically, albeit in a more imprecise fashion, of the rotting and decline of Europe.

Attacked by illness, the body no longer believes in any possibility of appeasement. Feminine hands, now useless. Still desired, all the same.

À l'angle de la FNAC bouillonnait une foule
Très dense et très cruelle,
Un gros chien mastiquait le corps d'un pigeon blanc.
Plus loin, dans la ruelle,
Une vieille clocharde toute ramassée en boule
Recevait sans mot dire le crachat des enfants.

J'étais seul rue de Rennes. Les enseignes électriques
M'orientaient dans des voies vaguement érotiques:
Bonjour c'est Amandine.
Je ne ressentais rien au niveau de la pine.
Quelques loubards glissaient un regard de menace
Sur les nanas friquées et les revues salaces;
Des cadres consommaient; c'est leur fonction unique.
Et tu n'étais pas là. Je t'aime, Véronique.

At the corner of the FNAC seethed
A very dense and very cruel crowd,
A fat dog chewed a white pigeon's body.
Further along, in the alleyway,
An old bag-lady curled up in a ball
Received in silence the children's spit.

I was alone in the Rue de Rennes. The electric signs
Coaxed me down vaguely erotic paths:
Hello it's Amandine.
It did nothing for my prick and balls.
A few chavs threw menacing looks
At the loaded babes and the dirty mags;
Some executives were consuming; their only function.
And you weren't there. I love you, Véronique.

Il faudrait traverser un univers lyrique
Comme on traverse un corps qu'on a beaucoup aimé
Il faudrait réveiller les puissances opprimées
La soif d'éternité, douteuse et pathétique.

You would have to pass through a lyrical universe
Like you pass through a body you have loved
You would have to awaken the oppressed powers
The thirst for eternity, uncertain and pathetic.

Après-midi de fausse joie,
Et les corps qui se désunissent
Tu n'as plus très envie de moi,
Nos regards ne sont plus complices.

Oh! la séparation, la mort
Dans nos regards entrecroisés
La lente désunion des corps
Ce bel après-midi d'été.

Afternoon of false joy,
And bodies that split
You no longer desire me much,
Our eyes no longer complicit.

Oh! the separation, the death
In our intertwined eyes
The slow divorce of bodies
On this lovely summer afternoon.

Les petits objets nettoyés
Traduisent un état de non-être.
Dans la cuisine, le cœur broyé,
J'attends que tu veuilles reparaître.

Compagne accroupie dans le lit,
Plus mauvaise part de moi-même,
Nous passons de mauvaises nuits;
Tu me fais peur. Pourtant, je t'aime.

Un samedi après-midi,
Seul dans le bruit du boulevard.
Je parle seul. Qu'est-ce que je dis?
La vie est rare, la vie est rare.

The little washed objects
Express a state of non-being.
In the kitchen, my heart crushed,
I wait for you to want to reappear.

Partner crouching in the bed,
Worst half of myself,
We spend bad nights;
You scare me. Yet, I love you.

On a Saturday afternoon,
Alone in the boulevard's noise.
I speak to myself. What do I say?
Life is rare, life is rare.

Ce soir, en marchant dans Venise,
J'ai repensé à toi, ma Lise;
J'aurais bien aimé t'épouser
Dans la basilique dorée.

Les gens s'en vont, les gens se quittent
Ils veulent vivre un peu trop vite
Je me sens vieux, mon corps est lourd
Il n'y a rien d'autre que l'amour.

This evening, while walking in Venice,
I thought again of you, my Lise;
I would have liked to marry you
In the gilded basilica.

People go away, people leave one another
They want to live a little too quickly
I feel old, my body is heavy
There is nothing left but love.

Tres Calle de Sant'Engracia,
Retour dans les parages du vide
Je donnerai mon corps avide
À celle que l'amour gracia.

Au temps des premiers acacias
Un soleil froid, presque livide,
Éclairait faiblement Madrid
Lorsque ma vie se dissocia.

Tres Calle de Sant'Engracia,
Back home to emptiness
I will give my avid body
To she whom love reprieved.

At the time of the first acacias
A cold, almost livid, sun
Shone weakly on Madrid
When my life fell apart.

UNE SENSATION DE FROID

Le matin était clair et absolument beau;
Tu voulais préserver ton indépendance.
Je t'attendais en regardant les oiseaux:
Quoi que je fasse, il y aurait la souffrance.

A COLD SENSATION

The morning was clear and utterly beautiful;
You wanted to keep your independence.
I waited for you while watching the birds:
Whatever I did, someone would suffer.

Pourquoi ne pouvons-nous jamais
Jamais
Être aimés?

Why can we never
Never
Be loved?

DIFFÉRENCIATION RUE D'AVRON

Les débris de ta vie s'étalent sur la table:
Un paquet de mouchoirs à demi entamé,
Un peu de désespoir et le double des clés;
Je me souviens que tu étais très désirable.

Le dimanche étendait son voile un peu gluant
Sur les boutiques à frites et les bistrots à nègres;
Pendant quelques minutes nous marchions, presque allègres,
Et puis nous rentrions pour ne plus voir les gens

Et pour nous regarder pendant des heures entières;
Tu dénudais ton corps devant le lavabo,
Ton visage se ridait mais ton corps restait beau,
Tu me disais: 'Regarde-moi. Je suis entière,

Mes bras sont attachés à mon torse, et la mort
Ne prendra pas mes yeux comme ceux de mon frère,
Tu m'as fait découvrir le sens de la prière,
Regarde-moi. Regarde. Mets tes yeux sur mon corps.'

DIFFERENTIATION IN THE RUE D'AVRON

The debris of your life is laid out on the table:
A half-empty box of tissues,
A bit of despair and a spare set of keys;
I remember you were very desirable.

Sunday spread its slightly sticky veil
On the chip shops and the dive bars;
For a few minutes we walked, almost buoyant,
Then went home to avoid other people

And to look at each other for hours on end;
You undressed your body in front of the sink,
Your face had wrinkles but your body stayed beautiful,
You said to me: 'Look at me. I am whole,

My arms are attached to my torso, and death
Will not take my eyes like my brother's,
You made me discover the meaning of prayer,
Look at me. Look. Lay your eyes on my body.'

Vivre sans point d'appui,
entouré par le vide

To live without a fulcrum,
surrounded by the void

Vivre sans point d'appui, entouré par le vide,
Comme un oiseau de proie sur une mesa blanche;
Mais l'oiseau a ses ailes, sa proie et sa revanche;
Je n'ai rien de tout ça. L'horizon reste fluide.

J'ai connu de ces nuits qui me rendaient au monde,
Où je me réveillais plein d'une vie nouvelle;
Mes artères battaient, je sentais les secondes
S'égrener puissamment, si douces et si réelles;

C'est fini. Maintenant, je préfère le soir,
Je sens chaque matin monter la lassitude,
J'entre dans la région des grandes solitudes,
Je ne désire plus qu'une paix sans victoire.

Vivre sans point d'appui, entouré par le vide,
La nuit descend sur moi comme une couverture
Mon désir se dissout dans ce contact obscur;
Je traverse la nuit, attentif et lucide.

To live without a fulcrum, surrounded by the void,
Like a bird of prey on a white mesa;
But the bird has wings, its prey and its revenge;
I have none of that. The horizon remains fluid.

I have known those nights which returned me to the world,
Where I woke up full of new life;
My arteries throbbed, I felt the seconds
Chime out powerfully, so soft and so real;

That's over. Now, I prefer the evening,
Every morning I feel the weariness rise,
I enter the region of great solitudes,
I desire nothing more than peace without victory.

To live without a fulcrum, surrounded by the void,
Night descends on me like a blanket
My desire dissolves in this dark contact;
I pass through the night, watchful and lucid.

La lumière a lui sur les eaux
Comme aux tout premiers jours du monde,
Notre existence est un fardeau:
Quand je pense que la Terre est ronde!

Sur la plage il y avait une famille entière,
Autour d'un barbecue ils parlaient de leur viande,
Riaient modérément et ouvraient quelques bières;
Pour atteindre la plage, j'avais longé la lande.

Le soir descend sur les varechs,
La mer bruit comme un animal;
Notre cœur est beaucoup trop sec,
Nous n'avons plus de goût au mal.

J'ai vraiment l'impression que ces gens se connaissent,
Car des sons modulés s'échappent de leur groupe.
J'aimerais me sentir membre de leur espèce;
Brouillage accentué, puis le contact se coupe.

The light gleamed on the waters
Like in the first days of the world,
Our existence is a burden:
To think the Earth is round!

On the beach there was an entire family,
Around a barbecue they spoke of their meat,
Laughed moderately and opened a few beers;
To reach the beach, I had followed the moor.

Evening descends on the kelp,
The sea murmurs like an animal;
Our heart is far too dry,
We have lost all taste for evil.

I believe these people know each other,
For modulated sounds emanate from their group.
I would like to feel part of their species;
Increased interference, then contact is lost.

Chevauchement mou des collines;
Au loin, le ronron d'un tracteur.
On a fait du feu dans les ruines;
La vie est peut-être une erreur.

Je survis de plus en plus mal
Au milieu de ces organismes
Qui rient et portent des sandales,
Ce sont de petits mécanismes.

Que la vie est organisée
Dans ces familles de province!
Une existence amenuisée,
Des joies racornies et très minces,

Une cuisine bien lavée;
Ah! Cette obsession des cuisines!
Un discours creux et laminé;
Les opinions de la voisine.

Gentle rolling of the hills;
Far away, a tractor's purr.
A fire has been lit in the ruins;
Perhaps life is an error.

More and more badly I survive
Amidst these organisms
Who laugh and wear sandals,
They are small mechanisms.

How life is organised
In these provincial families!
A reduced existence,
Shrivelled and slender joys.

A well-cleaned kitchen;
Ah! This obsession with kitchens!
Hollow, decayed discourse;
The opinions of the woman next door.

Dans le train direct pour Dourdan
Une jeune fille fait des mots fléchés
Je ne peux pas l'en empêcher,
C'est une occupation du temps.

Comme des blocs en plein espace
Les salariés bougent rapidement
Comme des blocs indépendants,
Ils trouent l'air sans laisser de trace

Puis le train glisse entre les rails,
Dépassant les premières banlieues
Il n'y a plus de temps ni de lieu;
Les salariés quittent leur travail.

On the direct train to Dourdan
A girl does a crossword
I can't stop her,
It helps pass the time.

Like blocks in outer space
Workers move rapidly
Like independent blocks,
They pierce the air without a trace

Then the train slips between the rails,
Goes past the first suburbs
There's no longer time nor space;
The workers quit their work.

Dans le métro à peu près vide
Rempli de gens semi-gazeux
Je m'amuse à des jeux stupides,
Mais potentiellement dangereux.

Frappé par l'intuition soudaine
D'une liberté sans conséquence
Je traverse les stations sereines
Sans songer aux correspondances.

Je me réveille à Montparnasse
Tout près d'un sauna naturiste,
Le monde entier reprend sa place;
Je me sens bizarrement triste.

In the almost empty metro
Filled with semi-gaseous people
I entertain myself with stupid,
But potentially dangerous games.

Struck by the sudden intuition
Of freedom without repercussions
I pass through serene stations
Without thinking of connections.

I wake up at Montparnasse
By a naturist sauna,
All returns to its rightful place;
I feel bizarrely sad.

La respiration des rondelles
Et les papillons carnassiers
Dans la nuit un léger bruit d'ailes,
La pièce est couverte d'acier.

Je n'oublie pas les gestes secs
De ce double mou et furtif
Qui glissait d'échec en échec
En dépliant son corps craintif.

La respiration des termites
S'accomplit sans aucun effort
Une tension vient de la bite,
S'affaiblit en gagnant le corps.

Quand la présence digestive
Emplit le champ de la conscience
S'installe une autre vie, passive,
Dans la douceur et la décence.

The breathing of washers
And carnivorous wing bolts
In the night a faint flutter,
The room is covered with steel.

I remember the abrupt gestures
Of that limp and furtive twin
Sliding from failure to failure
Stretching out his fearful body.

The breathing of termites
Happens without effort
A tension rises from the cock,
Weakens upon the body.

When digestion
Fills the field of consciousness
Another, passive, life settles
In gentleness and decency.

L'appartenance de mon corps
À un matelas de deux mètres
Et je ris de plus en plus fort;
Il y a différents paramètres.

La joie, un moment, a eu lieu,
Il y a eu un moment de trêve
Où j'étais dans le corps de Dieu;
Mais, depuis, les années sont brèves.

La lampe explose au ralenti
Dans le crépuscule des corps,
Je vois son filament noirci:
Où est la vie? Où est la mort?

My body belongs
To a two metre mattress
And I laugh more and more loudly;
There are different parameters.

Joy, at one moment, took place,
There was a moment of respite
When I was in the body of God;
But, since then, the years have been brief.

The lamp explodes in slow motion
In the twilight of bodies,
I see its blackened filament:
Where is life? Where is death?

Les antennes de télévision
Comme des insectes réceptifs
S'accrochent à la peau des captifs;
Les captifs rentrent à la maison.

Si j'avais envie d'être heureux
J'apprendrais les danses de salon
Ou j'achèterais un ballon,
Comme ces autistes merveilleux

Qui survivent jusqu'à soixante ans
Entourés de jouets en plastique
Ils éprouvent des joies authentiques,
Ils ne sentent plus passer le temps.

Romantisme de télévision,
Sexe charité et vie sociale
Effet de réel intégral
Et triomphe de la confusion.

Television aerials
Like receptive insects
Cling to the captives' skin;
The captives return home.

If I felt like being happy
I would learn ballroom dancing
Or buy a football,
Like those marvellous autistics

Who survive till sixty
Surrounded by plastic toys
They feel genuine joys,
They no longer feel time pass.

Television romanticism,
Sex charity and social life
Total reality effect
And triumph over confusion.

L'exercice de la réflexion,
L'habitude de la compassion
La saveur rancie de la haine
Et les infusions de verveine.

Dans la résidence Arcadie,
Les chaises inutiles et la vie
Qui se brise entre les piliers
Comme une rivière à noyés.

La chair des morts est tuméfiée,
Livide sous le ciel vitrifié
La rivière traverse la ville
Regards éteints, regards hostiles.

The exercise of reflection,
The habit of compassion
The rancid flavour of hate
And verbena infusions.

In the Arcadia residence,
Useless chairs and life
That breaks between the pillars
Like a river of drowned bodies.

The flesh of the dead is swollen,
Pale beneath the vitrified sky
The river passes through the city
Dead eyes, hostile eyes.

La brume entourait la montagne
Et j'étais près du radiateur,
La pluie tombait dans la douceur
(Je sens que la nausée me gagne).

L'orage éclairait, invisible,
Un décor de monde extérieur
Où régnaient la faim et la peur,
J'aurais aimé être impassible.

Des mendiants glissaient sur la route
Comme des insectes affamés
Aux mandibules mal refermées,
Des mendiants recouvraient la route.

Le jour lentement décroissait
Dans un gris bleu de mauvais rêve;
Il n'y aurait plus jamais de trêve;
Lentement, le jour s'en allait.

Mist surrounded the mountain
And I was next to the radiator,
Rain fell in the mildness
(I feel nausea coming on).

The storm lit up, invisible,
A setting for an external world
Where hunger and fear reigned,
I would have liked to be impassive.

Beggars slid down the road
Like famished insects
With badly closed jaws,
Beggars covered the road.

Daylight slowly diminished
Into a nightmare's blue-grey;
There would never be respite again;
Slowly, daylight went away.

Je flottais au-dessus du fleuve
Près des carnivores italiens
Dans le matin l'herbe était neuve,
Je me dirigeais vers le bien.

Le sang des petits mammifères
Est nécessaire à l'équilibre,
Leurs ossements et leurs viscères
Sont la condition d'une vie libre.

On les retrouve sous les herbes,
Il suffit de gratter la peau
La végétation est superbe,
Elle a la puissance du tombeau.

Je flottais parmi les nuages,
Absolument désespéré
Entre le ciel et le carnage,
Entre l'abject et l'éthéré.

I floated above the river
Near the Italian carnivores
In the morning the grass was new,
I headed towards goodness.

The blood of small mammals
Is necessary for balance,
Their bones and their viscera
Are the conditions for free life.

They can be found under the grass,
You need only scratch the skin
The vegetation is superb,
It has the power of the grave.

I was floating among the clouds,
In absolute despair
Between the sky and carnage,
Between the abject and ethereal.

Un moment de pure innocence,
L'absurdité des kangourous
Ce soir je n'ai pas eu de chance,
Je suis cerné par les gourous.

Ils voudraient me vendre leur mort
Comme un sédatif dépassé
Ils ont une vision du corps,
Leur corps est souvent ramassé.

Le végétal est déprimant
À proliférer sans arrêt
Dans la prairie, le ver luisant
Brille une nuit, puis disparaît.

Les multiples sens de la vie
Qu'on imagine pour se calmer
S'agitent un peu, puis c'est fini;
Le canard a des pieds palmés.

A moment of pure innocence,
The absurdity of kangaroos
This evening I've had no luck,
I am surrounded by gurus.

They'd like to sell me their death
Like an out-of-date sedative
They have a vision of the body,
Their body is often hunched.

The vegetal is depressing
Endlessly proliferating
In the meadow, the glow-worm
Shines for one night, then dies.

The multiple meanings of life
We imagine to calm down
Stir a little, then it's over;
The duck has webbed feet.

Les corps empilés sur le sable,
Sous la lumière inexorable,
Peu à peu se changent en matière;
Le soleil fissure les pierres.

Les vagues lentement palpitent
Sous le soleil inévitable
Et quelques cormorans habitent
Le ciel de leur cri lamentable.

Les jours de la vie sont pareils
À des limonades éventées
Jours de la vie sous le soleil,
Jours de la vie en plein été.

The bodies piled up on the sand,
In the inexorable light,
Gradually change into matter;
Sun splits the stones.

The waves slowly quiver
In the inevitable sun
Cormorants fill the sky
With lamentable cries.

The days of life are exactly like
Flat lemonades
Days of life in the sun,
Days of life in high summer.

La peau est un objet limite,
Ce n'est presque pas un objet
Dans la nuit les cadavres habitent,
Dans le corps habite un regret.

Le cœur diffuse un battement
Jusqu'à l'intérieur du visage
Sous nos ongles il y a du sang,
Dans nos corps un mouvement s'engage;

Le sang surchargé de toxines
Circule dans les capillaires
Il transporte la substance divine,
Le sang s'arrête et tout s'éclaire.

Un moment d'absolue conscience
Traverse le corps douloureux.
Moment de joie, de pure présence:
Le monde apparaît à nos yeux.

Skin is a borderline object,
It is almost not an object
In the night corpses live,
In the body lives a regret.

The heart spreads a beat
Right inside the face
There is blood beneath our nails,
In our bodies movement starts;

Blood overloaded with toxins
Circulates in the capillaries
It transports the divine substance,
Blood stops and all is clear.

A moment of absolute consciousness
Passes through the aching body.
Moment of joy, of pure presence:
The world appears to our eyes.

Il est temps de faire une pause
Avant de recouvrir la lampe.
Dans le jardin, l'agonie rampe;
La mort est bleue dans la nuit rose.

Le programme était défini
Pour les trois semaines à venir;
D'abord mon corps devait pourrir,
Puis s'écraser sur l'infini.

L'infini est à l'intérieur,
J'imagine les molécules
Et leurs mouvements ridicules
Dans le cadavre appréciateur.

It is time to pause
Before covering the lamp.
In the garden, agony crawls;
Death is blue in the rosy night.

The itinerary was defined
For the coming three weeks;
First my body was to rot,
Then crash into the infinite.

The infinite is inside,
I imagine the molecules
And their ridiculous movements
Within the grateful corpse.

LISEZ LA PRESSE BELGE!

Les morts sont habillés en bleu
Et les Bleus habillés en morts
Toujours un endroit où il pleut,
Pas de vie au-delà des corps.

Tuer des êtres humains par jeu?
Retrouver le sens du remords?
Aucune raison d'être heureux,
La répartition des efforts

Sous le sol livide et nerveux,
La présence indexée des morts
Les chairs oppressées, le vent vieux,
La nuit qui n'aura pas d'aurore.

READ THE BELGIAN PRESS!

The dead are dressed in blue
And the Blues dressed in death
Always a place where it rains,
No life beyond bodies.

Killing human beings for fun?
Finding the meaning of remorse?
No reason to be happy,
The distribution of effort

Under the pale and nervous sun,
The indexed presence of the dead
The oppressed flesh, the old wind,
The night that will have no dawn.

ATTEINDRE LA CREUSE

Un best-of d'arbres remarquables
Et les couples en fin de soirée
(En fin de vie, peut-on le dire?)

Au loin, la magnificence des tilleuls
Dans le soir de juin
Et l'étrange ambiance sexuelle
Entretenue par les serveuses du château Cazine
(Il faut en finir avec les écureuils!)

Un couple a disparu,
'Ils sont probablement morts entre le fromage et le dessert.'

REACHING CREUSE

A top-ten of remarkable trees
And the couples at the end of evening
(At the end of life, could you say?)

Far away, the magnificence of lime trees
In the June evening
And the strange sexual ambience
Fed by waitresses of the chateau Cazine
(We must get rid of the squirrels!)

A couple has disappeared,
'They probably died between the cheese and the dessert.'

LES NUAGES, LA NUIT

Venues du fond de mon œil moite
Les images glissaient sans cesse
Et l'ouverture était étroite,
La couverture était épaisse.

Il aurait fallu que je voie
Mon avenir différemment,
Cela fait deux ans que je bois
Et je suis un bien piètre amant.

Ainsi, il faut passer la nuit
En attendant que la mort lente
Qui avance seule et sans bruit
Retrouve nos yeux et les sente;

Quand la mort appuie sur vos yeux
Comme un cadavre sur la planche,
Il est temps de chercher les dieux
Disséminés; le corps s'épanche.

THE CLOUDS, THE NIGHT

Arrived from deep within my moist eye
The images moved endlessly
And the opening was narrow,
The covering was thick.

I would have had to see
My future differently,
Two years I've been drinking
And I'm a very poor lover.

Thus, the night must be passed
Waiting for slow death
That advances alone and noiselessly
Finds our eyes and feels them;

When death presses on your eyes
Like a corpse on the slab,
It's time to seek the scattered gods;
The body pours out.

Les fantômes avaient lieu de leurs mains délétères
Recouvrant peu à peu la surface de la Terre
Les souvenirs glissaient dans les yeux mal crevés
Qui traversaient la nuit, fantassins énervés.

Ghosts displayed their harmful hands
Gradually covering the surface of the Earth
Memories moved in badly gouged eyes
Crossing the night like nervous infantry.

Un végétal d'abolition
Rampait lourdement sur la pierre
(Unanimement, la prière
Résumait les dérélictions.)

Avril était, pari tenu,
Comme un orgasme apprivoisé
Un parcours en pays boisé
Dont nul n'est jamais revenu.

A vegetation of abolition
Crept heavily on the stone
(Unanimously, the prayer
Summed up the dereliction.)

April was, as predicted,
Like a tamed orgasm
A trip into woodlands
From which no one returned.

J'étais parti en vacances avec mon fils
Dans une auberge de jeunesse extrêmement triste
C'était quelque part dans les Alpes,
Mon fils avait dix ans

Et la pluie gouttait doucement le long des murs;
En bas, les jeunes essayaient de nouer des relations
    amoureuses
Et j'avais envie de cesser de vivre,
De m'arrêter sur le bord du chemin
De ne même plus écrire de livres
De m'arrêter, enfin.

La pluie tombe de plus en plus, en longs rideaux,
Ce pays est humide et sombre;
La lutte s'y apaise, on a l'impression d'entrer au tombeau;
Ce pays est funèbre, il n'est même pas beau.

Bientôt mes dents vont tomber aussi,
Le pire est encore à venir;
Je marche vers la glace, lentement je m'essuie;
Je vois le soir tomber et le monde mourir.

I had gone on holiday with my son
To an extremely sad youth hostel
It was somewhere in the Alps,
My son was ten

And the rain dripped gently along the walls;
Down below, the young tried to establish loving
   relations
And I felt like ceasing to live,
Stopping at the edge of road
Not even writing books any longer
Just stopping.

The rain falls more and more, in long curtains,
This land is damp and dark;
The struggle subsides, you feel you are entering the grave;
This land is funereal, it is not even beautiful.

Soon my teeth will also fall,
The worst is yet to come;
I walk towards the ice, I slowly dry myself;
I see evening fall and the world die.

Nous devons développer une attitude de non-résistance au
    monde;
Le négatif est négatif,
Le positif est positif,
Les choses sont.
Elles apparaissent, elles se transforment,
Et puis elles cessent simplement d'exister;
Le monde extérieur, en quelque sorte, est donné.

L'être de perception est semblable à une algue,
Une chose répugnante et très molle
Foncièrement féminine
Et c'est cela que nous devons atteindre
Si nous voulons parler du monde
Simplement, parler du monde.

Nous ne devons pas ressembler à celui qui essaie de plier le
    monde à ses désirs,
À ses croyances
Il nous est cependant permis d'avoir des désirs
Et même des croyances
En quantité limitée.

Après tout, nous faisons partie du phénomène,
Et, à ce titre, éminemment respectables,
Comme des lézards.

We must develop an attitude of non-resistance to the
    world;
Negative is negative,
Positive is positive,
Things are.
They appear, they transform,
And then they just cease to exist;
The external world is, in a sense, given.

The being of perception is like seaweed,
A thing repellent and very soft
Utterly female
And it is that which we must attain
If we want to speak about the world
Just speak about the world.

We must not resemble the man who tries to bend the
    world to his desires,
To his beliefs
But we are allowed to have desires
And even beliefs
In a limited quantity.

After all, we are part of the phenomenon,
And, in this way, eminently respectable,
Like lizards.

Comme des lézards, nous nous chauffons au soleil du
   phénomène
En attendant la nuit
Mais nous ne nous battrons pas,
Nous ne devons pas nous battre,
Nous sommes dans la position éternelle du vaincu.

Like lizards, we warm ourselves in the sun of the
    phenomenon
While waiting for the night
But we will not fight,
We must not fight,
We are in the eternal position of the vanquished.

Les insectes courent entre les pierres,
Prisonniers de leurs métamorphoses
Nous sommes prisonniers aussi
Et certains soirs la vie
Se réduit à un défilé de choses
Dont la présence entière
Définit le cadre de nos déchéances
Leur fixe une limite, un déroulement et un sens

Comme ce lave-vaisselle qui a connu ton premier mariage
Et ta séparation,
Comme cet ours en peluche qui a connu tes crises de rage
Et tes abdications.

Les animaux socialisés se définissent par un certain
    nombre de rapports
Entre lesquels leurs désirs naissent, se développent,
deviennent parfois très forts
Et meurent.

Ils meurent parfois d'un seul coup,
Certains soirs
Il y avait certaines habitudes qui constituaient la vie et
    voilà qu'il n'y a plus rien du tout
Le ciel qui paraissait supportable devient d'un seul coup
    extrêmement noir
La douleur qui paraissait acceptable devient d'un seul
    coup lancinante,
Il n'y a plus que des objets, des objets au milieu desquels
    on est soi-même immobilisé dans l'attente

Insects run between the stones,
Prisoners of their metamorphoses
We are prisoners too
And on some evenings life
Is reduced to a procession of things
Whose entire presence
Defines the frame of our decline
Fixes it a limit, a sequence and a direction

Like the dishwasher that knew your first marriage
And divorce,
Like the teddy bear that knew your fits of rage
And abdications.

Domesticated animals define themselves by a certain
    number of relations
Between which their desires are born, develop,
    occasionally become very strong
And die.

They occasionally die instantly,
On certain evenings
There were certain habits that constituted life and then
    there's nothing left
The sky that seemed bearable suddenly becomes extremely
    dark
The pain that seemed acceptable suddenly becomes
    searing,
There are only objects left, objects in the middle of which
    you wait motionless

Chose entre les choses,
Chose plus fragile que les choses
Très pauvre chose
Qui attend toujours l'amour
L'amour, ou la métamorphose.

A thing among things,
A thing more fragile than things
A very poor thing
Always waiting for love
Love, or metamorphosis.

Avant, il y a eu l'amour, ou sa possibilité;
Il y a eu des anecdotes, des bifurcations et des silences
Il y a eu ton premier séjour
Dans une institution sereine
Où l'on repeint les jours
D'un blanc légèrement crème.

Il y a eu l'oubli, le presque oubli, il y a eu un départ
Une possibilité de départ
Tu t'es couché de plus en plus tard
Et sans dormir
Dans la nuit
Tu as commencé à sentir tes dents frotter
Dans le silence.

Puis tu as songé à prendre des cours de danse
Pour plus tard,
Pour une autre vie
Que tu vivrais la nuit,
Surtout la nuit,
Et pas seul.

Mais c'est fini,
Tu es mort
Maintenant, tu es mort
Et tu es vraiment dans la nuit
Car tes yeux sont rongés,
Et tu es vraiment dans le silence
Car tu n'as plus d'oreilles,
Et tu es vraiment seul

Before, there was love, or its possibility;
There were anecdotes, digressions and silences
There was your first stay
In a serene institution
Where days are repainted
In a slightly cream white.

There was forgetting, almost forgetting, there was a departure
A possibility of departure
You went to bed later and later
And without sleeping
At night
You began to feel your teeth grind
In the silence.

Then you thought of taking dance lessons
For later,
For another life
That you would live at night,
Especially at night,
And not alone.

But it's over,
You're dead
Now, you're dead
And you're truly in the night
For your eyes are gnawed away,
And you're truly in the silence
For you no longer have ears,
And you're truly alone

Tu n'as jamais été aussi seul
Tu es couché, tu as froid et tu te demandes
Écoutant le corps, en pleine conscience, tu te demandes
Ce qui va venir
Juste après.

You have never been so alone
You are lying down, you are cold and you wonder
Listening to the body, fully conscious, you wonder
What is going to come
Just after.

DANS L'AIR LIMPIDE

Certains disent: regardez ce qui se passe en coulisse. Comme c'est beau, toute cette machinerie qui fonctionne! Toutes ces inhibitions, ces fantasmes, ces désirs réfléchis sur leur propre histoire; toute cette technologie de l'attirance. Comme c'est beau!

Hélas, j'aime passionnément, et depuis toujours, ces moments où plus rien ne fonctionne. Ces états de désarticulation du système global, qui laissent présager un destin plutôt qu'un instant, qui laissent entrevoir une éternité par ailleurs niée. Il passe, le génie de l'espèce.

Il est difficile de fonder une éthique de vie sur des présupposés aussi exceptionnels, je le sais bien. Mais nous sommes là, justement, pour les cas difficiles. Nous sommes maintenant dans la vie comme sur des mesas californiennes, vertigineuses plateformes séparées par le vide; le plus proche voisin est à quelques centaines de mètres mais reste encore visible, dans l'air limpide (et l'impossibilité d'une réunification se lit sur tous les visages). Nous sommes maintenant dans la vie comme des singes à l'opéra, qui grognent et s'agitent en cadence; tout en haut, une mélodie passe.

IN THE CLEAR AIR

Some people say: look at what goes on behind the scenes. Isn't it beautiful, this functioning machinery! All those inhibitions, fantasies and desires reflected in their own story; all this technology of attraction. Isn't it beautiful!

Alas, I love with a passion, and for a long time now, those moments when nothing functions any more. Those moments of disarticulation of the global system, which allow you to predict a destiny rather than an instant, which let you glimpse an eternity denied elsewhere. It passes, the genius of the species.

It is difficult to base an ethics for life on such exceptional assumptions, I know. But we are here, precisely, for the difficult cases. We are now in life like on the Californian mesas, breathtaking platforms separated by emptiness; the nearest neighbour a few hundred metres away but still visible, in the clear air (and the impossibility of reunion can be read on every face). We are now in life like monkeys at the opera, who groan and move about in time; high up there, a melody passes.

Les hirondelles s'envolent, rasent lentement les flots, et montent en spirale dans la tiédeur de l'atmosphère; elles ne parlent pas aux humains, car les humains restent accrochés à la Terre.

Les hirondelles ne sont pas libres. Elles sont conditionnées par la répétition de leurs orbes géométriques. Elles modifient légèrement l'angle d'attaque de leurs ailes pour décrire des spirales de plus en plus écartées par rapport au plan de la surface du globe. En résumé, il n'y a aucun enseignement à tirer des hirondelles.

Parfois, nous revenions ensemble en voiture. Sur la plaine immense, le soleil couchant était énorme et rouge. Soudain, un rapide vol d'hirondelles venait zébrer sa surface. Tu frissonnais, alors. Tes mains se crispaient sur le volant gainé de peau. Tant de choses pouvaient, à l'époque, nous séparer.

Swallows fly off, slowly skim the waves, and spiral up into the mild atmosphere; they do not speak to humans, for humans remain tied to the Earth.

Swallows are not free. They are conditioned by the repetition of their geometric orbs. They modify their wings' angle of attack slightly to trace spirals ever wider in relation to the surface of the globe. In summary, there is no lesson to be learned from swallows.

Sometimes, we drove back together. On the immense plain, the setting sun was enormous and red. Suddenly, a rapid flight of swallows came zooming across its surface. You trembled, then. Your hands gripped fast the leather-coated steering-wheel. Back then, so many things could draw us apart.

ABSENCES DE DURÉE LIMITÉE

I.   Dresser un bilan de la journée d'hier me demande un réel courage, tant j'ai peur en écrivant de mettre au jour des choses peut-être terribles qui feraient mieux de rester au vague dans mon cerveau.

J'ai envie de faire n'importe quoi pour me sortir ne serait-ce que quelques heures de ce trou où j'étouffe.

Mon cerveau est entièrement imprégné de ses vapeurs cruelles, fer de lampe et basses besognes sous le clignotement incertain d'un signal d'alarme. Tout le reste est bien fade comparé à ce jeu de mort.

Devant le paysage blanc je me sens abstrait, fils vidés de la tête, yeux mous et clignotants comme des phares de sirène.

Le 18: j'ai franchi un nouveau palier de l'horreur. Je n'ai qu'une hâte, c'est de quitter tous ces gens. Vivre autant que possible en dehors des autres.

ABSENCES OF LIMITED DURATION

I.   To assess yesterday demands real courage, as I am afraid that by writing I will perhaps bring to light terrible things that would be better staying far away in my brain.

I feel like doing anything to get myself, if only for a few hours, out from this hole I'm suffocating in.

My brain is completely soaked in its cruel vapours, wrought iron and dirty deeds in the uncertain flashing of an alarm signal. Everything else is very dull next to this death game.

Facing the white landscape I feel abstract, wires removed from my head, eyes soft and flashing like siren lights.

On the 18th: I crossed a new threshold of horror. I have only one urgent desire, which is to leave all these people. To live apart from others as much as possible.

II.   Maintenant je souffre toute la journée, doucement, légèrement, mais avec quelques horribles pointes qui s'enfoncent dans le cœur, imprévisibles et inévitables, un instant je me tords de souffrance, et puis je reviens en claquant des dents à la douleur normale.

La sensation d'un arrachement d'organe si j'arrête d'écrire. Je mériterais l'abattoir.

Victoire! Je pleure comme un petit enfant! Les larmes coulent! Elles coulent! . . .

J'ai connu vers onze heures quelques minutes de bonne entente avec la nature.

Des lunettes noires dans un bouquet d'herbe.

Emmailloté de bandes, devant un yaourt, dans une centrale sidérurgique.

J'attends que la douleur passe en tamponnant à la Betadine Scrub.

On jette un dé, milord Snake, il suffit de jeter un dé.

II.   Now I suffer all day, gently, lightly, but with a few horrible spikes that plunge into the heart, unpredictable and inevitable, at one instant I twist with suffering, and then I return, teeth chattering, to normal pain.

The sensation of an organ being torn out if I stop writing. I deserve the abattoir.

Victory! I cry like a little child! The tears flow! They flow! . . .

Around eleven I had a few moments of cordial relations with nature.

Black sunglasses in a tuft of grass.

Bandaged, in front of some yoghurt, in a steel mill.

I wait for the pain to pass while dabbing myself with Betadine Scrub.

A dice is thrown, my lord Snake, you need only throw a dice.

III. Et la suite. Rien de très intéressant. Que pourrais-je dire qui ne me soit personnel?

Comme sur le clavier de mon intelligence les équations de Maxwell reviennent en variations inutiles, je décide de rallumer une cigarette.

Ce soir, j'ai décidé de passer à trois comprimés d'Halcion. L'évolution est sans doute inéluctable. Dans un sens, il est plutôt agaçant de constater que je conserve la faculté d'espérer.

III. And what comes next. Nothing very interesting. What could I say that would not be personal?

As though on the keyboard of my intelligence, Maxwell's equations return in useless variations, I decide to light another cigarette.

This evening, I have decided to move on to three Halcion pills. The development is undoubtedly inevitable. In a way, it is rather annoying to note that I have kept the capacity to hope.

Exister, percevoir.

Exister, percevoir,
Être une sorte de résidu perceptif (si l'on peut dire)
Dans la salle d'embarquement du terminal Roissy 2D,
Attendant le vol à destination d'Alicante
Où ma vie se poursuivra
Pendant quelques années encore
En compagnie de mon petit chien
Et des joies (de plus en plus brèves)
Et de l'augmentation régulière des souffrances
En ces années qui précèdent immédiatement la mort.

To exist, to perceive.

To exist, to perceive,
To be a sort of perceptive residue (if that can be said)
In the departure hall of Roissy Terminal 2D,
Waiting for a flight to Alicante
Where my life will continue
For a few more years
In the company of my little dog
And of joys (briefer and briefer)
And of a regular increase in suffering
In those years immediately preceding death.

LOIN DU BONHEUR

Loin du bonheur.

Être dans un état qui s'apparente au désespoir, sans pouvoir cependant y accéder.

Une vie à la fois compliquée et sans intérêt.

Non relié au monde.

Paysages inutiles du silence.

Un amour. Un seul. Violent et définitif. Brisé.

Le monde est désenchanté.

Tout ce qui a la nature de l'apparition, cela a la nature de la cessation. Oui. Et alors? Je l'ai aimée. Je l'aime. Dès la première seconde cet amour était parfait, complet. On ne peut pas vraiment dire que l'amour apparaisse; plutôt, il se manifeste. Si l'on croit à la réincarnation, le phénomène devient explicable. Joie de retrouver quelqu'un qu'on a déjà rencontré, qu'on a toujours rencontré, à jamais, dans une infinité d'incarnations antérieures.

Si l'on n'y croit pas, c'est un mystère.

Je ne crois pas à la réincarnation. Ou, plutôt, je ne veux pas le savoir.

FAR FROM HAPPINESS

Far from happiness.

To be in a state close to despair, yet unable to reach it.

A life both complicated and without interest.

Not linked to the world.

Useless landscapes of silence.

A love. Only one. Violent and definitive. Broken.

The world is disenchanted.

All that has the nature of appearance has the nature of cessation. Yes. And so? I loved her. I love her. From the very first second this love was perfect, complete. You cannot really say that love appears; rather, it manifests itself. If you believe in reincarnation, the phenomenon becomes explicable. The joy of finding again someone you have already met, who you have always already met, forever, in an infinity of previous incarnations.

If you don't believe in it, it is a mystery.

I don't believe in reincarnation. Or, rather, I don't want to know.

Perdre l'amour, c'est aussi se perdre soi-même. La personnalité s'efface. On n'a même plus envie, on n'envisage même plus d'avoir une personnalité. On n'est plus, au sens strict, qu'une souffrance.

C'est également, selon des modalités différentes, perdre le monde. Le lien se casse tout de suite, dès les premières secondes. L'univers est d'abord étranger. Puis, peu à peu, il devient hostile. Lui aussi est souffrance. Il n'y a plus que souffrance.

Et on espère toujours.

La connaissance n'apporte pas la souffrance. Elle en serait bien incapable. Elle est, exactement, insignifiante.

Pour les mêmes raisons, elle ne peut apporter le bonheur. Tout ce qu'elle peut apporter, c'est un certain soulagement. Et ce soulagement, d'abord très faible, devient peu à peu nul. En conclusion, je n'ai pu découvrir aucune raison de rechercher la connaissance.

Impossibilité soudaine – et apparemment définitive – de s'intéresser à une quelconque question politique.

Tout ce qui n'est pas purement affectif devient insignifiant. Adieux à la raison. Plus de tête. Plus qu'un cœur.

L'amour, les autres.

La sentimentalité améliore l'homme, même quand elle est malheureuse. Mais, dans ce dernier cas, elle l'améliore en le tuant.

To lose love is to also lose yourself. Personality disappears. You no longer want to have, you no longer even envisage having, a personality. You are nothing more, strictly speaking, than suffering.

It also means, according to different modalities, losing the world. The link breaks immediately, right from the first few seconds. At first the universe is foreign. Then, gradually, it becomes hostile. It too is suffering. There is nothing left but suffering.

And still we hope.

Knowledge does not bring suffering. It would be incapable of it. It is, precisely, meaningless.

For the same reasons, it cannot bring happiness. All it can bring is a certain relief. And this relief, at first very weak, gradually becomes nothing. In conclusion, I have been able to find no reason for seeking knowledge.

Sudden – and apparently definitive – impossibility of being interested in any political issue.

All that is not purely affective becomes meaningless. Farewell to reason. No more head. Just a heart.

Love, others.

Sentimentality improves man, even when it is unhappy. But, in that case, it improves him by killing him.

Il existe des amours parfaits, accomplis, réciproques et durables. Durables dans leur réciprocité. C'est là un état suprêmement enviable, chacun le sent; pourtant, paradoxalement, ils ne suscitent aucune jalousie. Ils ne provoquent aucun sentiment d'exclusion, non plus. Simplement, ils sont. Et, du même coup, tout le reste peut être.

Depuis sa disparition, je ne peux plus supporter que les autres se séparent; je ne peux même plus supporter l'idée de la séparation.

Ils me regardent comme si j'étais en train d'accomplir des actes riches en enseignements. Tel n'est pas le cas. Je suis en train de crever, c'est tout.

Ceux qui ont peur de mourir ont également peur de vivre.

J'ai peur des autres. Je ne suis pas aimé.

La mort, si malléable.

There exist perfect, accomplished, reciprocal and durable loves. Durable in their reciprocity. That is a supremely enviable state, everyone can sense it; yet, paradoxically, they do not inspire any jealousy. They provoke no feeling of exclusion. They simply are. And, by the same token, all the rest can be.

Since she disappeared, I can no longer bear the fact that others separate; I can no longer even bear the idea of separation.

They look at me as if I were committing acts rich in teachings. That is not the case. I'm dying, that's all.

Those afraid of dying are also afraid of living.

I am frightened of other people. I am not loved.

Death, so malleable.

L'univers a la forme d'un demi-cercle
Qui se déplace régulièrement
En direction du vide.

(Les rochers n'y sont plus insultés
Par la lente invasion des plantes.)

Sous le ciel de valeur 'uniforme',
À équidistance parfaite de la nuit,
Tout s'immobilise.

The universe is in the shape of a semi-circle
Moving regularly
Towards the void.

(Rocks are no longer insulted
By the slow invasion of plants.)

Beneath the 'uniform' sky,
Perfectly equidistant from night,
Everything stops still.

Par la mort du plus pur
Toute joie est invalidée
La poitrine est comme évidée,
Et l'œil en tout connaît l'obscur.

Il faut quelques secondes
Pour effacer un monde.

By the death of the purest
All joy is invalidated
The chest as if hollowed,
And the eye knows darkness in all.

It takes a few seconds
To wipe out a world.

Disparue la croyance
Qui permet d'édifier
D'être et de sanctifier,
Nous habitons l'absence.

Puis la vue disparaît
Des êtres les plus proches.

Gone the belief
That allows us to build
To be and to sanctify,
We inhabit absence.

Then the closest beings
Disappear from view.

Je n'ai plus d'intérieur,
De passion, de chaleur;
Bientôt je me résume
À mon propre volume.

Vient toujours un moment où l'on rationalise,
Vient toujours un matin au futur aboli
Le chemin se résume à une étendue grise
Sans saveur et sans joie, calmement démolie.

I have no more within,
No passion, no warmth;
Soon I will just be
My own volume.

There always comes a moment when you rationalise,
There always comes a morning with no future
The path amounts to a grey expanse
Without taste nor joy, calmly demolished.

SO LONG

Il y a toujours une ville, des traces de poètes
Qui ont croisé leur destinée entre ses murs
L'eau coule un peu partout, ma mémoire murmure
Des noms de villes, des noms de gens, trous dans la tête

Et c'est toujours la même histoire qui recommence,
Horizons effondrés et salons de massage
Solitude assumée, respect du voisinage,
Il y a pourtant des gens qui existent et qui dansent.

Ce sont des gens d'une autre espèce, d'une autre race,
Nous dansons tout vivants une danse cruelle
Nous avons peu d'amis mais nous avons le ciel,
Et l'infinie sollicitude des espaces;

Le temps, le temps très vieux qui prépare sa vengeance,
L'incertain bruissement de la vie qui s'écoule
Les sifflements du vent, les gouttes d'eau qui roulent
Et la chambre jaunie où notre mort s'avance.

SO LONG

There is always a city, traces of poets
Whose destinies crossed within its walls
Water flows almost everywhere, my memory murmurs
Names of cities, names of people, holes in my head

And it is always the same story that starts again,
Collapsed horizons and massage parlours
Assumed solitude, respect for one's neighbours,
Yet there are people who exist and who dance.

They are people of another species, another race,
Alive we dance a cruel dance
We have few friends but we have the sky,
And the infinite solicitude of spaces;

Time, aged time preparing its revenge,
The uncertain rustling of passing life
Whistling of the wind, drops of water dripping
And the yellowed bedroom where our death advances.

DERNIERS TEMPS

Il y aura des journées et des temps difficiles
Et des nuits de souffrance qui semblent insurmontables
Où l'on pleure bêtement les deux bras sur la table
Où la vie suspendue ne tient plus qu'à un fil;
Mon amour je te sens qui marche dans la ville.

Il y aura des lettres écrites et déchirées
Des occasions perdues des amis fatigués
Des voyages inutiles des déplacements vides
Des heures sans bouger sous un soleil torride,
Il y aura la peur qui me suit sans parler

Qui s'approche de moi, qui me regarde en face
Et son sourire est beau, son pas lent et tenace
Elle a le souvenir dans ses yeux de cristal
Elle a mon avenir dans ses mains de métal
Elle descend sur le monde comme un halo de glace.

Il y aura la mort tu le sais mon amour
Il y aura le malheur et les tout derniers jours
On n'oublie jamais rien, les mots et les visages
Flottent joyeusement jusqu'au dernier rivage
Il y aura le regret, puis un sommeil très lourd.

LAST TIMES

There will be difficult days and times
And nights of suffering that seem insurmountable
Where we cry stupidly with our arms on the table
Where suspended life hangs by a thread;
My love I sense you walking in the city.

There will be letters written and torn up
Lost opportunities tired friends
Useless journeys empty movements
Hours motionless under a torrid sun,
There will be the fear that follows me wordless

Who approaches me, who looks me straight on
And her smile is beautiful, her steps slow and tenacious
She has memory in her crystal eyes
She has my future in her metal hands
She descends on the world like a halo of ice.

There will be death you know it my love
There will be disaster and the final days
We never forget anything, words and faces
Float joyfully as far as the last shore
There will be regret, then a very deep sleep.

Un triangle d'acier sectionne le paysage

A steel triangle severs the landscape

VARIATION 49: LE DERNIER VOYAGE

Un triangle d'acier sectionne le paysage;
L'avion s'immobilise au-dessus des nuages.
Altitude 8000. Les voyageurs descendent:
Ils dominent du regard la Cordillère des Andes

Et dans l'air raréfié l'ombilic d'un orage
Se développe et se tord;
Il monte des vallées comme un obscur présage,
Comme un souffle de mort.

Nos regards s'entrecroisent, interrogeant en vain
L'épaisseur de l'espace
Dont la blancheur fatale enveloppe nos mains
Comme un halo de glace.

Santiago du Chili, le 11 décembre.

VARIATION 49: THE FINAL JOURNEY

A steel triangle severs the landscape;
The plane halts above the clouds.
Altitude 8000. The travellers get off:
They look down upon the Andes Cordillera

And in the thin air a storm's umbilical cord
Develops and twists;
It rises from the valleys like a dark prophecy,
Like a breath of death.

Our eyes entangle, interrogate in vain
The thickness of space
Whose fatal whiteness surrounds our hands
Like a halo of ice.

Santiago de Chile, 11 December

La première fois que j'ai fait l'amour c'était sur une plage,
Quelque part en Grèce
La nuit était tombée
Cela paraît romantique
Un peu exagéré
Mais cependant c'est vrai.

Et il y avait les vagues,
Toujours les vagues
Leur bruit était très doux
Mon destin était flou.

La veille au matin j'avais nagé vers une île
Qui me paraissait proche
Je n'ai pas atteint l'île
Il y avait un courant
Quelque chose de ce genre
Je ne pouvais pas revenir
Et j'ai bien cru mourir,
Je me sentais très triste
À l'idée de me noyer
La vie me semblait longue
Et très ensoleillée
Je n'avais que dix-sept ans,
Mourir sans faire l'amour
Me paraissait bien triste.

Faut-il toucher la mort
Pour atteindre la vie?
Nous avons tous des corps
Fragiles, inassouvis.

150

The first time I made love was on a beach,
Somewhere in Greece
Night had fallen
That may seem romantic
A bit exaggerated
But it's true all the same.

And there were waves,
Always waves
Their sound was very soft
My fate was vague.

The previous morning I had swum towards an island
That seemed near to me
I did not reach the island
There was a current
Something like that
I could not return
And I really thought I'd die,
I felt very sad
At the idea of drowning
Life seemed long to me
And very sunny
I was only seventeen,
To die without making love
Seemed very sad to me.

Must we touch death
To reach life?
We all have bodies
Fragile, unsatisfied.

Cette manière qu'avait Patrick Hallali de persuader les filles
De venir dans notre compartiment
On avait dix-sept dix-huit ans
Quand je repense à elles, je vois leurs yeux qui brillent;

Et maintenant pour adresser la parole à une autre
    personne, à une autre personne humaine
C'est tout un travail, une gêne
(Au sens le plus fort de ces mots, au sens qu'ils ont dans
    les lettres anciennes).

Solitude de la lumière
Au creux de la montagne,
Alors que le froid gagne
Et ferme les paupières.

Jusqu'au jour de notre mort,
En sera-t-il ainsi?
Le corps vieilli n'en désire pas moins fort
Au milieu de la nuit

Corps tout seul dans la nuit,
Affamé de tendresse,
Le corps presque écrasé sent que renaît en lui une
    déchirante jeunesse.

Malgré les fatigues physiques,
Malgré la marche d'hier
Malgré le repas 'gastronomique',
Malgré les litres de bière

17–23

That way Patrick Hallali had of persuading girls
To come into our compartment
We were seventeen eighteen
When I think back to them, I see their eyes shining;

And now saying a word to another person, another
    human being
Is work in itself, a pain
(In the strongest sense of these words, in the sense they
    have in ancient writing).

Solitude of the light
In the mountain's hollow,
While the cold reaches
And closes your eyelids.

Until the day of our death,
Will it be like this?
The aged body desires just as strongly
In the middle of the night

Body all alone in the night,
Starving for tenderness,
The almost-crushed body feels a heart-rending youth
    reborn within it.

Despite the physical fatigue,
Despite the long walk yesterday
Despite the 'gastronomical' meal,
Despite the litres of beer

Le corps tendu, affamé de caresses et de sourires
Continue de vibrer dans la lumière du matin
Dans l'éternelle, la miraculeuse lumière du matin
Sur les montagnes.

L'air un peu vif, l'odeur de thym:
Ces montagnes incitent au bonheur
Le regard se pose, va plus loin,
Je m'efforce de chasser la peur.

Je sais que tout mal vient du moi,
Mais le moi vient de l'intérieur
Sous l'air limpide il y a la joie,
Mais sous la peau il y a la peur.

Au milieu de ce paysage
De montagnes moyennes-élevées
Je reprends peu à peu courage,
J'accède à l'ouverture du cœur
Mes mains ne sont plus entravées,
Je me sens prêt pour le bonheur.

The tense body, starving for caresses and smiles
Continues to tremble in the morning light
In the eternal, miraculous morning light
On the mountains.

The slightly cool air, the scent of thyme:
These mountains inspire happiness
My gaze rests, moves on,
I strive to chase away fear.

I know that all evil comes from the self,
But the self comes from within
In the clear air there is joy,
But there is fear underneath the skin.

In the heart of this landscape
Of mid-height mountains
I gradually regain courage,
I access the opening of the heart
My hands are no longer shackled,
I feel ready for happiness.

Mon ancienne obsession et ma ferveur nouvelle,
Vous frémissez en moi pour un nouveau désir
Paradoxal, léger comme un lointain sourire
Et cependant profond comme l'ombre essentielle.

(L'espace entre les peaux
Quand il peut se réduire
Ouvre un monde aussi beau
Qu'un grand éclat de rire.)

My former obsession and my new fervour,
You quiver in me for a new desire
That's paradoxical, light like a distant smile
And yet profound like the essential shadow.

(The space between skins
When it can shrink
Opens a world as lovely
As a loud burst of laughter.)

Dans le matin, chaste et tranquille,
L'espoir suspendu sur la ville
Hésite à rejoindre les hommes.

(Une certaine qualité de joie,
Au milieu de la nuit,
Est précieuse.)

In the morning, chaste and tranquil,
Hope suspended over the city
Hesitates to join men.

(A certain quality of joy,
In the middle of the night,
Is precious.)

DJERBA 'LA DOUCE'

Un vieillard s'entraînait sur le mini-golf
Et des oiseaux chantaient sans aucune raison:
Était-ce le bonheur d'être au camping du Golfe?
Était-ce la chaleur? Était-ce la saison?

Le soleil projetait ma silhouette noire
Sur une terre grise, remuée récemment;
Il faut interpréter les signes de l'histoire
Et le dessin des fleurs, si semblable au serpent.

Un deuxième vieillard près de son congénère
Observait sans un mot les vagues à l'horizon
Comme un arbre abattu observe sans colère
Le mouvement musclé des bras du bûcheron.

Vers mon ombre avançaient de vives fourmis rousses,
Elles entraient dans la peau sans causer de souffrance;
J'eus soudain le désir d'une vie calme et douce
Où l'on traverserait mon intacte présence.

DJERBA 'THE SWEET'

An old man was training for the mini-golf
And birds were singing for no reason:
Was it the happiness from camping at the Gulf?
Was it the heat? Was it the season?

The sun projected my black silhouette
On a grey earth, recently disturbed;
We must interpret the signs of history
And the design of flowers, so snake like.

A second old man near his fellow creature
Wordlessly observed the waves on the horizon
Like a chopped-down tree observes without anger
The muscular movement of the lumberjack.

Towards my shadow advanced lively red ants,
They entered my skin without causing pain;
I suddenly desired a calm and gentle life
Where my intact presence would be passed through.

SÉJOUR-CLUB

Le poète est celui qui se recouvre d'huile
Avant d'avoir usé les masques de survie;
Hier après-midi le monde était docile,
Une brise soufflait sur les palmiers ravis

Et j'étais à la fois ailleurs et dans l'espace,
Je connaissais le Sud et les trois directions
Dans le ciel appauvri se dessinaient des traces,
J'imaginais les cadres assis dans leurs avions

Et les poils de leurs jambes, très similaires aux miens,
Et leurs valeurs morales, et leurs maîtresses hindoues;
Le poète est celui, presque semblable à nous,
Qui frétille de la queue en compagnie des chiens.

J'aurai passé trois ans au bord de la piscine
Sans vraiment distinguer le corps des estivants;
La surface des peaux traverse ma rétine
Sans éveiller en moi aucun désir vivant.

HOLIDAY-CLUB

The poet is he who smears himself with oil
Before wearing out the masks of survival;
Yesterday afternoon the world was docile,
A breeze blew on the delighted palm trees

And I was both elsewhere and in space,
I knew the South and the three directions
In the impoverished sky traces were drawn,
I imagined executives sitting in their planes

And the hairs of their legs, very similar to mine,
And their moral values, their Hindu mistresses;
The poet is he, almost similar to us,
Who wags his tail in the company of dogs.

I'll have spent three years at the edge of the pool
Without really making out the tourists' bodies;
The surface of skins penetrates my retina
Without arousing any living desire.

SÉJOUR-CLUB 2

Le soleil tournait sur les eaux
Entre les bords de la piscine;
Lundi matin, désirs nouveaux,
Dans l'air flotte une odeur d'urine.

Tout à côté du club enfants,
Une peluche décapitée
Un vieux Tunisien dépité
Qui blasphème en montrant les dents.

J'étais inscrit pour deux semaines
Dans un parcours relationnel,
Les nuits étaient un long tunnel
Dont je sortais couvert de haine.

Lundi matin, la vie s'installe;
Les cendriers indifférents
Délimitent mes déplacements
Au milieu des zones conviviales.

HOLIDAY-CLUB 2

The sun turned on the waters
Between the edges of the pool;
Monday morning, new desires,
A smell of urine floats in the air.

Right next to the kids club,
A decapitated teddy bear
A disappointed old Tunisian
Blasphemes while baring his teeth.

I was registered for two weeks
On a relational trip,
The nights were a long tunnel
I left covered in hate.

Monday morning, life moves in;
Indifferent ashtrays
Mark my movements
Amidst convivial zones.

VACANCES

Un temps mort. Un trou blanc dans la vie qui s'installe.
Des rayons de soleil pivotent sur les dalles,
Le soleil dort; l'après-midi est invariable.
Des reflets métalliques se croisent sur le sable.

Dans un bouillonnement d'air moite et peu mobile,
On entend se croiser les femelles d'insectes;
J'ai envie de me tuer, de rentrer dans une secte;
J'ai envie de bouger, mais ce serait inutile.

Dans cinq heures au plus tard le ciel sera tout noir;
J'attendrai le matin en écrasant des mouches.
Les ténèbres palpitent comme de petites bouches;
Puis le matin revient, sec et blanc, sans espoir.

HOLIDAYS

Idle time. A white hole appears in life.
Rays of sunlight pivot on the slabs,
The sun sleeps; the afternoon is invariable.
Metallic reflections meet on the sand.

In simmering air, moist and scarcely moving,
You hear passing female insects;
I want to kill myself, join a sect;
I want to move, but it would be useless.

In five hours at most the sky will be dark;
I will wait for morning while crushing flies.
The tenebrae twitch like little mouths;
Morning returns, dry and white, without hope.

La lumière évolue à peu près dans les formes;
Je suis toujours couché au niveau du dallage.
Il faudrait que je meure ou que j'aille à la plage;
Il est déjà sept heures. Probablement, ils dorment.

Je sais qu'ils seront là si je sors de l'hôtel,
Je sais qu'ils me verront et qu'ils auront des shorts,
J'ai un schéma du cœur; près de l'artère aorte,
Le sang fait demi-tour. La journée sera belle.

Tout près des parasols, différents mammifères
Dont certains sont en laisse et font bouger leur queue;
Sur la photo j'ai l'air d'être un enfant heureux;
Je voudrais me coucher dans les ombellifères.

The light evolves almost in the forms;
I am still lying on the paving.
I would have to die or go to the beach;
It's already seven. They're probably asleep.

I know they will be there if I leave the hotel,
I know they will see me and wear shorts,
I have a diagram of the heart; near the aorta,
The blood turns back. The day will be fine.

Near the parasols, various mammals
Some on a leash and wagging their tails;
In the photo I look like a happy child;
I'd like to lie down in the Umbelliferae.

Nulle ombre ne répond; les cieux sont bleus et vides
Et cette mongolienne en tee-shirt 'Predator'
Aligne en vain les mots en gargouillis morbides
Pendant que ses parents soutiennent ses efforts.

Un retraité des postes enfile son cycliste
Avant de s'évertuer en mouvements gymnastiques
À contenir son ventre. Une jeune fille très triste
Suit la ligne des eaux; elle tient un as de pique.

Nul bruit à l'horizon, nul cri dans les nuages;
La journée s'organise en groupes d'habitudes
Et certains retraités ramassent des coquillages;
Tout respire le plat, le blanc, la finitude.

Un Algérien balaie le plancher du 'Dallas',
Ouvre les baies vitrées; son regard est pensif.
Sur la plage on retrouve quelques préservatifs;
Une nouvelle journée monte sur Palavas.

No shadow replies; the heavens are blue and empty
And that mongoloid girl in a 'Predator' t-shirt
Vainly strings words in morbid gurglings
While her parents support her efforts.

A retired postman slips on his cycling shorts
Before trying his best acrobatic moves
To suck in his belly. A very sad young girl
Follows the waterline; holds an ace of spades.

No noise on the horizon, no cries in the clouds;
The day is organised into groups of habits
And some pensioners gather seashells;
All breathe the flat, the white, the finite.

An Algerian sweeps the floor of the 'Dallas',
Opens the bay windows; his eyes are pensive.
On the beach a few condoms can be found;
A new day is rising on Palavas.

Cette envie de ne plus rien faire et surtout ne plus rien
    éprouver,
Ce besoin subit de se taire et de se détacher
Au jardin du Luxembourg, si calme
Être un vieux sénateur vieillissant sous ses palmes

Et plus rien du tout, ni les enfants, ni leurs bateaux, ni
    surtout la musique
Ne viendrait troubler cette méditation désenchantée et
    presque ataraxique;
Ni l'amour surtout, ni la crainte.
Ah! n'avoir aucun souvenir des étreintes.

This desire to no longer do anything and especially to no
   longer feel anything,
This sudden need to fall silent and detach oneself
In the Jardin du Luxembourg, so calm
To be an old senator growing old under its palms

And nothing at all, not the children, not their boats,
   especially not the music
Would come and trouble this disenchanted and almost
   ataraxic meditation;
Especially not love, not fear.
Ah! to no longer remember embraces.

Un matin de soleil rapide,
Et je veux réussir ma mort.
Je lis dans leurs yeux un effort:
Mon Dieu, que l'homme est insipide!

On n'est jamais assez serein
Pour supporter les jours d'automne,
Dieu que la vie est monotone,
Que les horizons sont lointains!

Un matin d'hiver, doucement,
Loin des habitations des hommes;
Désir d'un rêve, absolument,
D'un souvenir que rien ne gomme.

A rapid sunny morning,
And I want to succeed at death.
I read in their eyes an effort:
My God, how insipid is man!

One is never serene enough
To bear the autumn days,
God how life is monotonous,
How distant are the horizons!

One winter morning, gently,
Far from the homes of men;
Desire for a dream, absolutely,
For a memory that nothing erases.

L'arc aboli de tristesse élancée
Dans une lutte imperceptible, ultime
Se raffermit conjointement, minime;
Les dés sont à demi lancés.

The abolished arc of slender sadness
In an imperceptible, final struggle
Hardens jointly, minimal;
The dice are half cast.

L'épuisement central d'une nuit sans étoiles
Adornée de néant
(L'oubli compatissant a déposé son voile
Sur les choses et les gens).

L'élément bizarre
Dispersé dans l'eau
Réveille la mémoire,
Remonte au cerveau
Comme un vin bulgare.

The central exhaustion of a starless night
Adorned with nothingness
(Compassionate oblivion has drawn its veil
Over things and men).

The bizarre element
Scattered in the water
Awakens memory,
Rises to the brain
Like Bulgarian wine.

LA MÉMOIRE DE LA MER

Une lumière bleue s'établit sur la ville;
Il est temps de faire vos jeux.
La circulation tombe. Tout s'arrête. La ville est si
    tranquille.
Dans un brouillard de plomb, la peur au fond des yeux,
Nous marchons vers la ville,
Nous traversons la ville.

Près des voitures blindées, la troupe des mendiants,
Comme une flaque d'ombre,
Glisse en se tortillant au milieu des décombres;
Ton frère fait partie des mendiants
Il fait partie des errants
Je n'oublie pas ton frère,
Je n'oublie pas le jeu.

On achète du riz dans des passages couverts,
Encerclés par la haine
La nuit est incertaine
La nuit est presque rouge
Traversant les années, au fond de moi, elle bouge,
La mémoire de la mer.

THE MEMORY OF THE SEA

A blue light settles on the city;
It is time to play your games.
The traffic decreases. Everything stops. The city is so
    tranquil.
In a grey fog, fear at the back of our eyes,
We march towards the city,
We cross the city.

Near the armoured cars, the army of beggars,
Like a puddle of shadow,
Wends its way amidst the debris;
Your brother is one of the beggars
He is one of the wanderers
I do not forget your brother,
I do not forget the game.

Rice is bought in covered arcades,
Encircled by hate
The night is uncertain
The night is almost red
Crossing all the years, deep inside me, it moves,
The memory of the sea.

Elle vivait dans une bonbonnière
Avec du fil et des poupées
Le soleil et la pluie passaient sans s'arrêter sur sa petite
    maison
Il ne se passait rien que le bruit des pendules
Et les petits objets brodés
S'accumulaient pour ses neveux et ses nièces

Car elle avait trois sœurs
Qui avaient des enfants,
Depuis sa peine de cœur
Elle n'avait plus d'amant
Et dans sa bonbonnière
Elle cousait en rêvant.

Autour de sa maison il y avait des champs
Et de grands talus d'herbe,
Des coquelicots superbes
Où elle aimait parfois à marcher très longtemps.

She lived in a bijou cottage
With some thread and dolls
The sun and rain passed without pausing on her little
   home
Nothing happened except the sound of the clock hands
And the little embroidered objects
Amassed for her nephews and nieces

For she had three sisters
Who had children,
Since her heartbreak
She no longer had lovers
And in her bijou cottage
She sewed as she dreamed.

Around her house there were fields
And high grassy slopes,
Superb poppies
Where she sometimes liked to walk for a very long time.

Si calme, dans son coma
Elle avait accepté une certaine prise de risque
(Comme on soutient parfois le soleil, et son disque,
Avant que la douleur devienne trop cruelle),
Supposant que chacun était semblable à elle,
Mais naturellement ce n'était pas le cas.

Elle aurait pu mener une vie douce et pleine
Parmi les animaux et les petits enfants
Mais elle avait choisi la société humaine,
Et elle était si belle à l'âge de dix-neuf ans.

Ses cheveux blonds sur l'oreiller
Formaient une auréole étrange,
Comme un intermédiaire de l'ange
Et du noyé.

Si calme, définitivement belle,
Elle soulevait à peine les draps
En respirant; mais rêvait-elle?
Elle semblait heureuse, en tout cas.

So calm, in her coma
She had agreed to take some risks
(Like you sometimes bear the sun, and its disk,
Before the pain becomes too cruel),
Supposing that everyone was like her,
But of course this was not the case.

She could have led a full and gentle life
Among animals and little children
But she had chosen human society,
And she was so beautiful, aged nineteen.

Her blond hair on the pillow
Formed a strange halo,
Like the intercessor of an angel
And of a drowned man.

So calm, definitively beautiful,
She barely moved the sheets
While breathing; but did she dream?
She seemed happy, in any case.

HMT

I.   Au fond j'ai toujours su
          Que j'atteindrais l'amour
          Et que cela serait
          Un peu avant ma mort.

          J'ai toujours eu confiance,
          Je n'ai pas renoncé
          Bien avant ta présence,
          Tu m'étais annoncée.

          Voilà, ce sera toi
          Ma présence effective
          Je serai dans la joie
          De ta peau non fictive

          Si douce à la caresse,
          Si légère et si fine
          Entité non divine,
          Animal de tendresse.

HMT

I.   At heart I have always known
          That I would find love
          And that this would be
          On the eve of my death.

          I have always been confident,
          I have never given up
          Long before your presence,
          You were announced to me.

          So you will be the one
          My real presence
          I will bask in the joy
          Of your non-fictional skin

          So soft to the caress,
          So light and so fine
          Entity non-divine,
          Animal of tenderness.

II.　Pour moi qui fus roi de Bohême
　　　Qui fus animal innocent
　　　Désir de vie, rêve insistant,
　　　Démonstration de théorème

　　　Il n'est pas d'énigme essentielle
　　　Je connais le lieu et l'instant
　　　Le point central, absolument,
　　　De la révélation partielle.

　　　Dans la nuit qui dort sans étoiles,
　　　Aux limites de la matière,
　　　S'installe un état de prière:
　　　Le second secret s'y dévoile.

II.   For I who was King of Bohemia
Who was an innocent animal
Desire for life, insistent dream,
A theorem's demonstration

There is no essential enigma
I know the place and the instant
The central point, absolutely,
Of the partial revelation.

In the sleeping starless night,
At the confines of matter,
A state of prayer settles:
The second secret is revealed.

III.   Lorsqu'il faudra quitter ce monde
Fais que ce soit en ta présence
Fais qu'en mes ultimes secondes
Je te regarde avec confiance

Tendre animal aux seins troublants
Que je tiens au creux de mes paumes;
Je ferme les yeux: ton corps blanc
Est la limite du royaume.

III.   When I have to leave this world
        Make it be in your presence
        Make it that in my last seconds
        I look at you with trust

        Tender animal with arousing breasts
        That I cup in my hands;
        I close my eyes: your white body
        Marks the limit of the kingdom.

IV.   Un matin de grand clair beau temps,
Tout rempli de pensées charnelles
Et puis le grand reflux du sang,
La condamnation essentielle;

La vie qui s'en va en riant
Remplir des entités nouvelles
La vie n'a pas duré longtemps,
La fin de journée est si belle.

IV.   A morning of grand clear fine weather,
        Filled with carnal thoughts
        And then the great ebb of blood,
        The essential condemnation;

        Life that leaves laughing
        To fill new entities
        Life has not lasted long,
        The end of day is so fine.

V.   Un téléphone portable
       Oublié sur la plage,
       La fin inéluctable
       D'un amour de passage

       Et la mort qui avance
       À petits cris plaintifs,
       Dansant sa drôle de danse
       Sur mon centre émotif

       Qui grimpe dans le lit,
       Soulève les couvertures;
       Mon amour aboli,
       Pourquoi tout est si dur?

V.   A mobile phone
       Left on the beach,
       The inevitable end
       Of a passing affair

       And death that advances
       With little plaintive cries,
       Dancing its odd dance
       On my emotional centre

       Which climbs into the bed,
       Lifts the covers;
       My abolished love,
       Why is everything so hard?

VI.   Au bout de quelques mois
       (Ou de quelques semaines)
       Tu t'es lassée de moi,
       Toi que j'avais fait reine.

       Je connaissais le risque,
       En mortel éprouvé;
       Le soleil, comme un disque,
       Luit sur ma vie crevée.

VI.   After a few months
       (Or a few weeks)
       You got tired of me,
       You I had made queen.

       I knew the risk,
       As an experienced mortal;
       The sun, like a disk,
       Shines on my broken life.

VII. Il n'y a pas d'amour
      (Pas vraiment, pas assez)
      Nous vivons sans secours,
      Nous mourons délaissés.

      L'appel à la pitié
      Résonne dans le vide
      Nos corps sont estropiés,
      Mais nos chairs sont avides.

      Disparues les promesses
      D'un corps adolescent,
      Nous entrons en vieillesse
      Où rien ne nous attend

      Que la mémoire vaine
      De nos jours disparus,
      Un soubresaut de haine
      Et le désespoir nu.

VII.   There is no love
        (Not nearly, not enough)
        We live unaided,
        We die abandoned.

        The appeal for pity
        Resonates in the void
        Our bodies are crippled,
        But our flesh is eager.

        Gone are the promises
        Of a teenage body,
        We enter an old age
        Where nothing awaits us

        Except the vain memory
        Of our lost days,
        A convulsion of hate
        And naked despair.

VIII. Ma vie, ma vie, ma très ancienne
       Mon premier vœu mal refermé
       Mon premier amour infirmé
       Il a fallu que tu reviennes

       Il a fallu que je connaisse
       Ce que la vie a de meilleur,
       Quand deux corps jouent de leur bonheur
       Et sans fin s'unissent et renaissent.

       Entré en dépendance entière
       Je sais le tremblement de l'être
       L'hésitation à disparaître
       Le soleil qui frappe en lisière

       Et l'amour, où tout est facile,
       Où tout est donné dans l'instant
       Il existe, au milieu du temps,
       La possibilité d'une île.

VIII. My life, my life, my ancient one
My first badly healed desire
My first crippled love
You had to return

It was necessary to know
What is best in our lives,
When two bodies play with happiness,
Unite, are reborn without end.

Entered into complete dependency
I know the trembling of being
The hesitation to disappear
The sunlight upon the forest's edge

And love, where all is easy,
Where all is given in the instant
There exists, in the midst of time,
The possibility of an island.

*Je suis dans un tunnel fait
de roches compactes*

I am in a tunnel made
of compact rocks

VOCATION RELIGIEUSE

Je suis dans un tunnel fait de roches compactes;
Sur ma gauche à deux pas un homme sans paupières
M'enveloppe des yeux; il se dit libre et fier.
Très loin, plus loin que tout, gronde une cataracte.

C'est le déclin des monts et la dernière halte;
L'autre homme a disparu. Je continuerai seul;
Les parois du tunnel me semblent de basalte,
Il fait froid. Je repense au pays des glaïeuls.

Le lendemain matin l'air avait goût de sel;
Alors je ressentis une double présence.
Sur le sol gris serpente un trait profond et dense,
Comme l'arc aboli d'un ancien rituel.

RELIGIOUS VOCATION

I am in a tunnel made of compact rocks;
Two feet from my left a man with no eyelids
Gazes at me; he says he is free and proud.
Far away, farther than everything, a waterfall roars.

It is the mountains' end and the final stop;
The other man has disappeared. I will go on alone;
The tunnel's walls seem to be made of basalt,
It is cold. I think again of the land of gladioli.

The next morning the air tastes of salt;
Then I can feel a double presence.
On the grey earth snakes a deep and dense line,
Like the abolished ark of an ancient religion.

J'ai toujours eu l'impression que nous étions proches, comme deux fruits issus de la même branche. Le jour se lève au moment où je t'écris, le tonnerre gronde doucement; la journée sera pluvieuse. Je t'imagine te redressant dans ton lit. Cette angoisse que tu ressens, je la ressens également.

La nuit nous abandonne,
La lumière délimite
À nouveau les personnes,
Les personnes toutes petites.

Couché sur la moquette, j'observe avec résignation la montée de la lumière. Je vois des cheveux sur la moquette; ces cheveux ne sont pas les tiens. Un insecte solitaire escalade les tiges de laine. Ma tête s'abat, se relève; j'ai envie de fermer vraiment les yeux. Je n'ai pas dormi depuis trois jours; je n'ai pas travaillé depuis trois mois. Je pense à toi.

I have always had the impression that we were close, like two pieces of fruit from the same branch. Day is dawning as I write to you, thunder rumbles faintly; today it will rain. I imagine you rising in your bed. That anguish you feel, I feel it too.

Night abandons us,
Light again
Defines people,
Tiny people.

Lying on the carpet, I observe with resignation the rising light. I see some strands of hair on the carpet; it is not your hair. A solitary insect climbs the stalks of wool. My head slumps down, lifts back up; I feel like truly closing my eyes. I have not slept for three days; I have not worked for three months. I think of you.

NOUVELLE DONNE

à Michel Bulteau

Nous étions arrivés à un moment de notre vie où se faisait
    sentir l'impérieuse nécessité de négocier une nouvelle donne,
Ou simplement de crever.
Quand nous étions face à face avec nous-mêmes sur la
    banquette arrière dans le fond du garage il n'y avait
    plus personne,
On aimait se chercher.

Le sol légèrement huileux où nous glissions une bouteille
    de bière à la main
Et ta robe de satin,
Mon ange
Nous avons traversé des moments bien étranges

Où les amis disparaissaient un par un et où les plus
    gentils devenaient les plus durs,
S'installaient dans une espèce de fissure
Entre les longs murs blancs de la dépendance pharmaceutique
Ils devenaient des pantins ironiques,
Pathétiques.

Le lyrisme et la passion nous les avons connus mieux que
    personne,
Beaucoup mieux que personne
Car nous avons creusé jusqu'au fond de nos organes pour
    essayer de les transformer de l'intérieur
Pour trouver un chemin écarter les poumons pénétrer
    jusqu'au cœur
Et nous avons perdu,
Nos corps étaient si nus.

NEW ORDER

for Michel Bulteau

We had reached a moment in our life when you felt the
    imperious necessity to negotiate a new order,
Or just to die.
When we were face to face with ourselves on the seat at
    the back of the garage there was no one else left,
We liked seeking ourselves.

The slightly oily ground where we slipped with a bottle of
    beer in our hands
And your satin dress,
My angel
We have lived some very strange moments

When friends disappeared one by one and when the gentle
    ones became the hardest,
Settled into a sort of fissure
Between the long white walls of pharmaceutical dependency
They became ironic puppets,
Pathetic.

Lyricism and passion, we have known them better than
    anyone,
Much better than anyone
For we dug to the depths of our organs to try to
    transform them from within
To find a way to part our lungs and penetrate to the heart
And we lost,
Our bodies were so naked.

Répétition des morts et des abandons et les plus purs
    montaient vers leur calvaire,
Je me souviens de ton cousin le matin où il s'était teint les
    cheveux en vert
Avant de sauter dans le fleuve,
Sa vie était si neuve.

Nous n'aimons plus beaucoup maintenant les gens qui
    viennent critiquer nos rêves,
Nous nous laissons lentement investir par une ambiance
    de trêve,
Nous ne croyons plus beaucoup maintenant aux
    plaisanteries sur le sens du cosmos
Nous savons qu'il existe un espace de liberté entre la chair
    et l'os

Où les répétitions les plaintes
Parviennent atténuées
Un espace d'étreintes,
Un corps transfiguré.

Repetition of deaths and abandonments and the purest
    climbed the road to their calvary,
I remember your cousin the morning he dyed his hair
    green
Before jumping into the river,
His life was brand new.

We no longer like much the people who come and
    criticise our dreams,
We let ourselves be slowly filled with an atmosphere of
    respite,
We no longer believe much in jokes about the meaning of
    the cosmos,
We know there exists a space of freedom between flesh
    and bone

Where repetitions, complaints
Toned down, reach
A space of embraces,
A body transfigured.

Quand il fait froid,
Ou plutôt quand on a froid
Quand un centre de froid s'installe avec un mouvement mou
Au fond de la poitrine
Et saute lourdement entre les poumons
Comme un gros animal stupide;

Quand les membres battent faiblement
De plus en plus faiblement
Avant de s'immobiliser sur le canapé
De manière apparemment définitive;

Quand les années tournent en clignotant
Dans une atmosphère enfumée
On ne se souvient plus de la rivière parfumée,
La rivière de la première enfance
Je l'appelle, conformément à une ancienne tradition: la
    rivière d'innocence.

Maintenant que nous vivons dans la lumière,
Maintenant que nous vivons à proximité immédiate de la
    lumière,
Dans des après-midi inépuisables
Maintenant que la lumière autour de nos corps est devenue
    palpable

When it is cold,
Or rather when you feel cold
When a centre of coldness settles with a gentle movement
Deep in the chest
And jumps heavily between the lungs
Like a stupid fat animal;

When your limbs beat weakly
More and more weakly
Before stopping on the sofa
Definitively, it seems;

When the years turn flashing
In a smoky atmosphere
You can no longer remember the scented river,
The river of early childhood
I call it, in accordance with an ancient tradition: the river
    of innocence.

Now that we live in the light,
Now that we live right next to the light,
In endless afternoons
Now that the light around our bodies has become palpable

Nous pouvons dire que nous sommes parvenus à destination
Les étoiles se réunissent chaque nuit pour célébrer nos
  souffrances et leur transfiguration
En des figures indéfiniment mystérieuses
Et cette nuit de notre arrivée ici, entre toutes les nuits,
  nous demeure infiniment précieuse.

We can say that we have reached our destination
The stars gather every night to celebrate our sufferings
   and their transfiguration
Into indefinitely mysterious figures
And this night of our arrival here, among all nights,
   remains infinitely precious to us.

Traces de la nuit.
Une étoile brille, seule,
Préparée pour de lointaines eucharisties.

Des destins se rassemblent, perplexes,
Immobiles.

Nous marchons je le sais vers des matins étranges.

Traces of the night.
A star shines, alone,
Ready for distant Eucharists.

Some destinies gather, perplexed,
Immobile.

We are marching I know towards strange mornings.

Comme un plant de maïs déplanté de sa terre
Une vieille coquille oubliée par la mer
À côté de la vie

Je me tourne vers toi qui as osé m'aimer;
Viens avec moi, partons, je voudrais retrouver
Les traces de la nuit.

Like a maize seedling dug up from its soil
An old shell forgotten by the sea
Outside of life

I turn to you who dared love me;
Come with me, let's go, I'd like to find
The traces of the night.

Je suis comme un enfant qui n'a plus droit aux larmes,
Conduis-moi au pays où vivent les braves gens
Conduis-moi dans la nuit, entoure-moi d'un charme,
Je voudrais rencontrer des êtres différents.

Je porte au fond de moi une ancienne espérance
Comme ces vieillards noirs, princes dans leur pays,
Qui balaient le métro avec indifférence;
Comme moi ils sont seuls, comme moi ils sourient.

I am like a child who no longer has the right to tears,
Lead me to the country where the good people live
Lead me through the night, surround me with a charm,
I would like to meet different beings.

I carry deep within me an ancient hope
Like those old black men, princes in their land,
Who sweep the metro with indifference;
Like me they are alone, like me they smile.

Dehors il y a la nuit
La violence, le carnage
Viens près de moi, sans bruit,
Je distingue une image
Mouvante

Et les contours se brouillent,
La lumière est tremblante
Mon regard se dépouille
Je suis là, dans l'attente,
Sereine.

Nous avons traversé
Des époques de haine,
Des temps controversés
Sans dimension humaine

Et le monde a pris forme,
Le monde est apparu
Dans sa présence nue,
Le monde.

Outside there is the night
Violence, carnage
Come close to me, without a sound,
I make out an image
That moves

And the contours blur,
The light is trembling
My eyes undress themselves
I am there, waiting,
Serene.

We have gone through
Ages of hatred,
Controversial times
With no human dimension

And the world has taken shape,
The world has appeared
In its naked presence,
The world.

Doucement, nous glissions vers un palais fictif
Environné de larmes.
L'azur se soulevait comme un ballon captif;
Les hommes étaient en armes.

Gently, we moved towards a fictional palace
Surrounded by tears.
The azure lifted like a tethered balloon;
Men were under arms.

La texture fine et délicate des nuages
Disparaît derrière les arbres
Et soudain c'est le flou qui précède un orage:
Le ciel est beau, hermétique comme un marbre.

The fine and delicate texture of the clouds
Disappears behind the trees
And suddenly it's the vagueness that comes before a
    storm;
The sky is beautiful, hermetic as marble.

Les informations se mélangent comme des aiguilles
Versées dans ma cervelle
Par la main aveugle du commentateur;
J'ai peur.
Depuis huit heures, les déclarations cruelles
Se succèdent dans mon récepteur;
Très haut, le soleil brille.

Le ciel est légèrement vert,
Comme un éclairage de piscine;
Le café est amer,
Partout on assassine;
Le ciel n'éclaire plus que des ruines.

The news mixes up like needles
Poured into my brain
By the blind hand of the newsreader;
I'm scared.
For eight hours now, cruel declarations
Have followed one another in my receiver;
High up there, the sun shines.

The sky is slightly green,
Like swimming pool lighting;
The coffee is bitter,
Murder is everywhere;
Now the sky lights up only ruins.

Je tournais en rond dans ma chambre,
Des cadavres se battaient dans ma mémoire;
Il n'y avait plus vraiment d'espoir.
En bas, quelques femmes s'insultaient
Tout près du Monoprix fermé depuis décembre.

Ce jour-là il faisait grand calme,
Les bandes s'étaient repliées dans les faubourgs;
J'ai senti l'odeur du napalm,
Le monde est devenu très lourd.
Les informations se sont arrêtées vers six heures,
J'ai senti s'accélérer les mouvements de mon cœur;
Le monde est devenu solide,
Silencieux, les rues étaient vides
Et j'ai senti venir la mort.

Ce jour-là, il a plu très fort.

I went round and round in my bedroom,
Corpses were fighting in my memory;
There was really no hope any more.
Down below, some women insulted each other
Right next to the Monoprix shut since December.

That day calm reigned,
The gangs had retreated to the suburbs;
I could smell napalm,
The world became heavy.
The news stopped around six o'clock,
I felt my heart's movements accelerate;
The world became solid,
Silent, the streets were empty
And I felt death arrive.

That day, it rained very hard.

Une gare dans les Yvelines
Que n'avait pas atteint la guerre
Au bout du quai, un chien urine
Le chef de train est en prières.

Les tôles d'un wagon-couchettes
Rouillaient parmi les herbes maigres
Un aveugle vendait des chaussettes,
Il appartenait à la pègre.

L'espoir a déserté la ville
Le lendemain de l'explosion,
Nous avons été trop subtils
(Une question de génération).

Le soleil se noie, flaque verte
Sur l'horizon couperosé
Je ne crois plus aux cotes d'alerte,
L'avenir s'est ankylosé.

A station in the Yvelines
Undamaged by the war
At the end of the platform, a dog pees
The conductor is in prayer.

The metal of a sleeper train
Rusting among the scrawny grass
A blind man was selling socks,
He belonged to the underworld.

Hope deserted the city
The day after the explosion,
We were too subtle
(A question of generation).

The sun drowns, a green puddle
On the horizon's broken veins
I no longer believe in levels of alert,
The future is paralysed.

Quand disparaît le sens des choses
Au milieu de l'après-midi,
Dans la douceur d'un samedi,
Quand on est cloué par l'arthrose.

La disparition des traverses
Au milieu de la voie ferrée
Se produit juste avant l'averse,
Les souvenirs sont déterrés.

Je pense à mon signal d'appel
Oublié au bord de l'étang
Je me souviens du monde réel
Où j'ai vécu, il y a longtemps.

When the meaning of things disappears
In the middle of the afternoon
In the gentleness of a Saturday,
When paralysed by arthritis.

The disappearance of railway sleepers
On the iron tracks
Happens just before the rain,
Memories are exhumed.

I think of my call signal
Left at the pond's edge
I remember the real world
Where I lived, long ago.

Avant, mais bien avant, il y a eu des êtres
Qui se mettaient en rond pour échapper aux loups
Et sentir leur chaleur; ils devaient disparaître,
Ils ressemblaient à nous.

Nous sommes réunis, nos derniers mots s'éteignent,
La mer a disparu
Une dernière fois quelques amants s'étreignent,
Le paysage est nu.

Au-dessus de nos corps glissent les ondes hertziennes,
Elles font le tour du monde
Nos corps sont presque froids, il faut que la mort vienne,
La mort douce et profonde;
Bientôt les êtres humains s'enfuiront hors du monde.

Alors s'établira le dialogue des machines
Et l'informationnel remplira, triomphant,
Le cadavre vidé de la structure divine;
Puis il fonctionnera jusqu'à la fin des temps.

Before, long before, there were beings
Who gathered in a circle to escape from the wolves
And to feel their warmth; they had to disappear,
They were like us.

We are gathered, our last words have died,
The sea has disappeared
One last time a few lovers embrace,
The landscape is naked.

Above our bodies pass Hertzian waves,
They go around the world
Our bodies are almost cold, death has to come,
Death gentle and deep;
Soon human beings will flee the world.

Then will begin the dialogue of machines
And information will fill, triumphant,
The emptied corpse of the divine structure;
And it will function till the end of time.

Les hommages à l'humanité
Se multiplient sur la pelouse
Ils étaient au nombre de douze,
Leur vie était très limitée.

Ils fabriquaient des vêtements
Des objets, des petites choses,
Leur vie était plutôt morose,
Ils fabriquaient des revêtements

Des abris pour leur descendance,
Ils n'avaient que cent ans à vivre
Mais ils savaient écrire des livres
Et ils nourrissaient des croyances.

Ils alimentaient la douleur
Et ils modifiaient la nature
Leur univers était si dur;
Ils avaient eu si faim, si peur.

Homages to humanity
Multiply on the lawn
There were twelve of them,
Their life was very limited.

They made cloths,
Objects, little things,
Their life was quite morose,
They made coverings

Shelters for their descendants,
They had just a century to live
But they could write books
And they nourished beliefs.

They fed sorrow
And they modified nature
Their universe was so hard;
They had been so hungry, so afraid.

LA DISPARITION

Nous marchons dans la ville, nous croisons des regards
Et ceci définit notre présence humaine;
Dans le calme absolu de la fin de semaine,
Nous marchons lentement aux abords de la gare.

Nos vêtements trop larges abritent des chairs grises
À peu près immobiles dans la fin de journée
Notre âme minuscule, à demi condamnée,
S'agite entre les plis, et puis s'immobilise.

Nous avons existé, telle est notre légende
Certains de nos désirs ont construit cette ville
Nous avons combattu des puissances hostiles,
Puis nos bras amaigris ont lâché les commandes

Et nous avons flotté loin de tous les possibles;
La vie s'est refroidie, la vie nous a laissés,
Nous contemplons nos corps à demi effacés,
Dans le silence émergent quelques *data* sensibles.

THE DISAPPEARANCE

We walk in the city, our eyes meet
And this defines our human presence;
In the absolute calm of the weekend,
We walk slowly at the edge of the station.

Our clothes, too loose, shelter grey flesh
Almost immobile at the end of day
Our tiny souls, half-condemned,
Writhe between the folds, then stop still.

We have existed, that is our legend
Some of our desires have built this city
We have fought hostile powers,
Then our wizened arms lost control

And we have floated far from all possibilities;
Life has gone cold, life has left us,
We contemplate our half-erased bodies,
In the silence emerges some sense data.

Nous roulons protégés dans l'égale lumière
Au milieu de collines remodelées par l'homme
Et le train vient d'atteindre sa vitesse de croisière
Nous roulons dans le calme, dans un wagon Alsthom,

Dans la géométrie des parcelles de la Terre
Nous roulons protégés par les cristaux liquides
Par les cloisons parfaites, par le métal, le verre,
Nous roulons lentement et nous rêvons du vide.

À chacun ses ennuis, à chacun ses affaires;
Une respiration dense et demi-sociale
Traverse le wagon; certains voisins se flairent,
Ils semblent écartelés par leur part animale.

Nous roulons lentement au milieu de la Terre
Et nos corps se resserrent dans les coquilles du vide
Au milieu du voyage nos corps sont solidaires,
Je veux me rapprocher de ta partie humide.

Des immeubles et des gens, un camion solitaire:
Nous entrons dans la ville et l'air devient plus vif;
Nous rejoignons enfin le mystère productif,
Dans le calme apaisant d'usines célibataires.

We travel protected in the uniform light
Amidst hills remodelled by man
And the train has just reached its cruising speed
We travel in the calm, in an Alsthom carriage,

In the geometry of fragments of the Earth
We travel protected by liquid crystals
By perfect screens, by metal, glass,
We travel slowly and dream of the void.

To each his problems, to each his affairs;
A dense and semi-social breathing
Fills the carriage; neighbours sniff each other,
They seem torn apart by their animal side.

We travel protected in the middle of the Earth
And our bodies draw closer in shells of emptiness
Mid-journey our bodies are united,
I want to get closer to your moistness.

Buildings and people, a solitary lorry:
We enter the city and the air gets fresher;
We rejoin at last the productive mystery,
In the soothing calm of bachelor factories.

C'est comme une veine qui court sous la peau, et que
    l'aiguille cherche à atteindre,
C'est comme un incendie si beau qu'on n'a pas envie de
    l'éteindre,
La peau est endurcie, par endroits presque bleue, et
    pourtant c'est un bain de fraîcheur au moment où
    pénètre l'aiguille,
Nous marchons dans la nuit et nos mains tremblent un
    peu, pourtant nos doigts se cherchent et pourtant nos
    yeux brillent.

C'est le matin dans la cuisine et les choses sont à leur
    place habituelle,
Par la fenêtre on voit les ruines et dans l'évier traîne une
    vague vaisselle,
Cependant tout est différent, la nouveauté de la situation
    est proprement incommensurable,
Hier en milieu de soirée tu le sais nous avons basculé
    dans le domaine de l'inéluctable.

Au moment où tes doigts tendres petites bêtes ont
    accroché les miens et ont commencé à les presser
    doucement
J'ai su qu'il importait très peu que je sois à tel moment où
    à tel autre ton amant
J'ai vu quelque chose se former, qui ne pouvait être
    compris dans les catégories ordinaires,
Après certaines révolutions biologiques il y a vraiment de
    nouveaux cieux, il y a vraiment une nouvelle Terre.

It is like a vein running beneath the skin, which the
    needle tries to reach,
It is like a fire so beautiful you don't want to put it out,
The skin is hardened, in places almost blue, and yet the
    moment when the needle pierces is a bath of freshness,
We walk in the night and our hands tremble slightly, yet
    our fingers seek each other, yet our eyes sparkle.

It is morning in the kitchen and things are in their usual
    place,
Through the window the ruins can be seen and in the
    sink some dishes linger,
Yet everything is different, the novelty of the situation is
    infinite,
Yesterday mid-evening, we tipped into the domain of the
    inevitable.

At the moment when your tender fingers, little beasts,
    grabbed mine and began to press them gently
I knew that it mattered very little that I be your lover at
    one moment or another
I saw something form, which could not be understood
    with ordinary categories,
After certain biological revolutions there truly are new
    skies, there truly is a new Earth.

Il ne s'est à peu près rien passé et pourtant il nous est
impossible de nous délivrer du vertige
Quelque chose s'est mis en mouvement, des puissances
avec lesquelles il n'est pas question qu'on transige,
Comme celles de l'opium ou du Christ, les victimes de
l'amour sont d'abord des victimes bienheureuses
Et la vie qui circule en nous ce matin vient d'être
augmentée dans des proportions prodigieuses.

C'est pourtant la même lumière, dans le matin, qui
s'installe et qui augmente
Mais le monde perçu à deux a une signification
entièrement différente;
Je ne sais plus vraiment si nous sommes dans l'amour ou
dans l'action révolutionnaire,
Après que nous en avons parlé tous les deux, tu as acheté
une biographie de Maximilien Robespierre.

Je sais que la résignation vient de partir avec la facilité
d'une peau morte,
Je sais que son départ me remplit d'une joie
incroyablement forte
Je sais que vient de s'ouvrir un pan d'histoire absolument
inédit
Aujourd'hui et pour un temps indéterminé nous
pénétrons dans un autre monde, et je sais que, dans cet
autre monde, tout pourra être reconstruit.

Almost nothing happened and yet it is impossible to free
    ourselves of the vertigo
Something has begun to move, powers with which there is
    no question of compromise,
Like those of opium or Christ, the victims of love are
    happy victims first of all
And the life circulating in us this morning has just been
    increased to prodigious proportions.

Yet it is the same light, in the morning, that arrives and
    increases
But the world perceived through the eyes of two people
    has a completely different meaning;
I no longer know if we are in love or in revolutionary
    action,
After we both spoke, you bought a biography of
    Maximilien Robespierre.

I know that resignation has just left with the ease of dead
    skin,
I know that its departure fills me with an incredibly
    strong joy
I know that a completely new period of history has just
    opened
Today and for an indeterminate time we are penetrating
    another world, and I know that, in this other world,
    everything can be rebuilt.

Il est vrai que ce monde où nous respirons mal
N'inspire plus en nous qu'un dégoût manifeste,
Une envie de s'enfuir sans demander son reste,
Et nous ne lisons plus les titres du journal.

Nous voulons retourner dans l'ancienne demeure
Où nos pères ont vécu sous l'aile d'un archange,
Nous voulons retrouver cette morale étrange
Qui sanctifiait la vie jusqu'à la dernière heure.

Nous voulons quelque chose comme une fidélité,
Comme un enlacement de douces dépendances,
Quelque chose qui dépasse et contienne l'existence;
Nous ne pouvons plus vivre loin de l'éternité.

It is true that this world, where we have difficulty breathing
Now inspires in us only evident disgust,
A desire to flee without further ado,
And we no longer read the headlines.

We want to return to the ancient home
Where our fathers lived under an archangel's wing,
We want to find again that strange morality
Which sanctified life until the final hour.

We want something like loyalty,
Like a weaving of gentle dependencies,
Something that goes beyond and contains existence;
We can no longer live far from eternity.

LE SENS DU COMBAT

Il y a eu des nuits où nous avions perdu jusqu'au sens du
    combat;
Nous frissonnions de peur, seuls dans la plaine immense,
Nous avions mal aux bras;
Il y a eu des nuits incertaines et très denses.

Comme un oiseau blessé tournoie dans l'atmosphère
Avant de s'écraser sur le sol du chemin
Tu titubais, disant des mots élémentaires,
Avant de t'effondrer sur le sol de poussière;
Je te prenais la main.

Nous devions décider d'un autre angle d'attaque,
Décrocher vers le Bien;
Je me souviens de nos pistolets tchécoslovaques,
Achetés pour presque rien.

Libres, et conditionnés par nos douleurs anciennes
Nous traversions la plaine
Et les mottes gercées résonnaient sous nos pieds;
Avant la guerre, ami, il y poussait du blé.

Comme une croix plantée dans un sol desséché
J'ai tenu bon, mon frère;
Comme une croix de fer aux deux bras écartés.
Aujourd'hui, je reviens dans la maison du Père.

THE WILL TO FIGHT

There were nights when we had lost even the will to fight;
We shivered with fear, alone on the immense plain,
Our arms were sore;
There were nights uncertain and very dark.

Like a wounded bird wheeling in the atmosphere
Before crashing upon the road
You stumbled, saying elementary words,
Before collapsing upon the dusty ground;
I took your hand.

We had to choose another angle of attack,
Aim towards the Good;
I remember our Czechoslovakian pistols,
Bought for next to nothing.

Free, and conditioned by our ancient sorrows
We crossed the plain
And the rough hillocks resounded beneath our feet;
Before the war, friend, wheat grew there.

Like a cross planted in dry soil
I stood firm, my brother;
Like an iron cross with two outstretched arms.
Today, I return to the house of the Father.

La grâce immobile

Immobile grace

La grâce immobile
Sensiblement écrasante
Qui découle du passage des civilisations
N'a pas la mort pour corollaire.

Immobile grace
Conspicuously crushing
Flowing from the passage of civilisations
Does not have death as corollary.

Le bloc énuméré
De l'œil qui se referme
Dans l'espace écrasé
Contient le dernier terme.

The itemised lump
Of the eye that closes
In crushed space
Contains the last term.

LES IMMATÉRIAUX

La présence subtile, interstitielle de Dieu
A disparu
Nous flottons maintenant dans un espace désert
Et nos corps sont à nu.

Flottant, dans la froideur d'un parking de banlieue
En face du centre commercial
Nous orientons nos torses par des mouvements souples
Vers les couples du samedi matin
Chargés d'enfants, chargés d'efforts,
Et leurs enfants se disputent en hurlant des images de
    Goldorak.

THE IMMATERIALS

The subtle, interstitial presence of God
Has disappeared
We now float in a deserted space
And our bodies are naked.

Floating, in the coldness of a suburban car park
Facing the shopping centre
We orient our torsos with supple movements
Towards Saturday-morning couples
Loaded with children, loaded with effort,
And their children fight screaming over images of
    Grendizer.

LE NOYAU DU MAL D'ÊTRE

Une pièce blanche, trop chauffée, avec de nombreux radiateurs (un peu: salle de cours dans un lycée technique).

La baie vitrée donne sur les banlieues modernes, préfabriquées, d'une zone semi-résidentielle.

Elles ne donnent pas envie de sortir, mais rester dans la pièce est un tel désastre d'ennui
(Tout est déjà joué depuis longtemps, on ne continue la partie que par habitude).

THE CORE OF THE MALAISE

A white, overheated room, with numerous radiators (a bit like a classroom in a technical college).

The bay window looks onto the modern, prefabricated suburbs of a semi-residential area.

They don't make you feel like going out, but staying in the room is disastrously boring
(The game's been up for a long time already, you only continue playing through habit).

Sublime abstraction du paysage.

COURTENAY — AUXERRE NORD.

Nous approchons des contreforts du Morvan. L'immobilité, à l'intérieur de l'habitacle, est totale. Béatrice est à mes côtés. 'C'est une bonne voiture', me dit-elle.

Les réverbères sont penchés dans une attitude étrange; on dirait qu'ils prient. Quoi qu'il en soit, ils commencent à émettre une faible lumière jaune orangé. La 'raie jaune du sodium', prétend Béatrice.

Déjà, nous sommes en vue d'Avallon.

Sublime abstraction of the landscape.

COURTENAY — AUXERRE NORD.

We approach the Morvan foothills. Immobility, inside the compartment, is total. Béatrice is at my side. 'It's a good car,' she tells me.

The street lamps lean in a strange manner; you would think they were praying. Be that as it may, they begin to emit a faint yellow-orange light. The 'yellow ray of sodium,' claims Béatrice.

Already, we have Avallon in view.

Le TGV Atlantique glissait dans la nuit avec une efficacité terrifiante; l'éclairage était discret. Sous les parois de plastique d'un gris moyen, des êtres humains gisaient dans leurs sièges ergonomiques. Leurs visages ne laissaient transparaître aucune émotion. Se tourner vers la fenêtre n'aurait servi à rien: l'opacité des ténèbres était absolue. Certains rideaux, d'ailleurs, étaient tirés; leur vert acide composait une harmonie un peu triste avec le gris sombre de la moquette. Le silence, presque absolu, n'était troublé que par le nasillement léger des walkmans. Mon voisin immédiat, les yeux clos, se retirait dans une absence concentrée. Seul le jeu lumineux des pictogrammes indiquant les toilettes, la cabine téléphonique et le bar Cerbère trahissait une présence vivante dans la voiture; soixante êtres humains y étaient rassemblés.

Long et fuselé, d'un gris acier relevé de discrètes bandes colorées, le TGV Atlantique n° 6557 comportait vingt-trois voitures. Entre mille cinq cents et deux mille êtres humains y avaient pris place. Nous filions à 300 km/h vers l'extrémité du monde occidental. Et j'eus soudain la sensation (nous traversions la nuit dans un silence feutré, rien ne laissait deviner notre prodigieuse vitesse; les néons dispensaient un éclairage modéré, pâle et funéraire), j'eus soudain la sensation que ce long vaisseau d'acier nous emportait (avec discrétion, avec efficacité, avec douceur) vers le Royaume des Ténèbres, vers la Vallée de l'Ombre de la Mort.

Dix minutes plus tard, nous arrivions à Auray.

The TGV Atlantique slipped through the night with terrifying efficiency; the lighting was discrete. Beneath walls of average grey plastic, human beings lay in their ergonomic seats. Their faces betrayed no emotion. To turn towards the window would be useless: the darkness was completely opaque. A few curtains, however, were drawn; their acid green composed a rather sad harmony with the dark grey of the carpet. The silence, almost absolute, was troubled only by the faint whining of Walkmans. My immediate neighbour, eyes closed, withdrew into a concentrated absence. Only the luminous play of the pictograms indicating the toilets, the telephone booths and the Cerberus bar betrayed a living presence in the carriage; sixty human beings were gathered there.

Long and slender, made of grey steel marked by discrete coloured bands, the TGV Atlantique no. 6557 was composed of twenty-three carriages. Between one thousand five-hundred and two thousand human beings had taken a seat there. We were flying at 300km/h towards the extreme limit of the Western world. And I suddenly had the sensation (we were crossing the night in padded silence, you could never guess our prodigious speed; the neon dispensed a moderate, pale and funereal light), I suddenly had the sensation that this long vessel of steel was carrying us (discreetly, efficiently, smoothly) towards the Realm of Shades, towards the Valley of the Shadow of Death.

Ten minutes later, we arrived in Auray.

Il faisait beau; et je marchais le long d'un coteau sec et jaune.

La respiration sèche et irrégulière des plantes, en été . . . qui semblent prêtes à mourir. Les insectes grésillent, perçant la voûte menaçante et fixe du ciel blanc.

Au bout d'un certain temps, quand on marche sous le soleil, en été, la sensation d'absurdité grandit, s'impose et envahit l'espace, on la retrouve partout. Si même au départ vous aviez une direction (ce qui est hélas fort rare . . . la plupart du temps, on a affaire à une 'simple promenade'), cette image de but s'évanouit, elle semble s'évaporer dans l'air surchauffé qui vous brûle par petites vagues courtes à mesure que vous avancez sous le soleil implacable et fixe, dans la complicité sournoise des herbes sèches, promptes à brûler.

Au moment où une chaleur poisseuse commence à engluer vos neurones, il est trop tard. Il n'est plus temps de secouer d'une crinière impatiente les errements aveugles d'un esprit capturé, et lentement, très lentement, le dégoût aux multiples anneaux se love et affermit sa position, bien au centre du trône, le trône des dominations.

The weather was nice; and I was walking along a dry and yellow hillside.

The dry and irregular breathing of plants, in summer ... that seem ready to die. The insects crackle, piercing the menacing, fixed vault of the white sky.

After a certain amount of time, when you walk in the sun, in summer, the sensation of absurdity grows, imposes itself and invades space; it can be found everywhere. Even if on setting out you had a direction (which is alas very rare ... most of the time, one is dealing with a 'simple stroll'), this image of an aim evaporates, it seems to evaporate in the overheated air which burns you in short little waves as you advance in the implacable and fixed sunshine, in the sneaky complicity of dry grass, swift to burn.

At the moment when a muggy heat begins to trap your neurons, it is too late. There is no time left to shake off with an impatient mane the blind wanderings of a captured mind, and slowly, very slowly, disgust, with its multiple rings, coils up and consolidates its position, right at the centre of the throne, the throne of dominations.

MERCREDI. MAYENCE – VALLÉE DU RHIN – COBLENCE.

Évidente duplicité de la solitude. Je vois ces vieux assis autour d'une table, il y en a au moins dix. Je pourrais m'amuser à les compter, mais je suis sûr qu'il y en a au moins dix. Et pfuui! Si je pouvais m'envoler au ciel, m'envoler au ciel tout de suite!

Ils émettent parlant tous ensemble une cacophonie où l'on ne reconnaît que quelques syllabes mastiquées, comme arrachées à coups de dents. Mon Dieu! Qu'il est donc difficile de se réconcilier avec le monde! . . .

J'ai compté. Il y en a douze. Comme les apôtres. Et le garçon de café serait-il censé représenter le Christ?

Et si je m'achetais un tee-shirt '*Jesus*'?

WEDNESDAY. MAYENCE – RHINE VALLEY – KOBLENZ

Evident duplicity of solitude. I see these old people seated around a table; there are at least ten of them. I could have fun counting them, but I am sure there are at least ten of them. And phwee! If only I could fly off to heaven, fly off to heaven straight away!

As they speak they all create a cacophony in which you can only make out a few masticated syllables, as if torn out by teeth. My God! How difficult it is to reconcile with the world! . . .

I have counted. There are twelve of them. Like the Apostles. And is the waiter meant to represent Christ?

And what if I bought a *Jesus* t-shirt?

Je suis difficile à situer
Dans ce café (certains soirs, bal);
Ils discutent d'affaires locales,
D'argent à perdre, de gens à tuer.

Je vais prendre un café et la note;
On n'est pas vraiment à Woodstock.
Les clients du bar sont partis,
Ils ont fini leurs Martinis,
Hi hi!

I am difficult to find
In this café (some evenings, a dance);
They discuss local affairs,
Money to lose, people to kill.

I will take a coffee and the bill;
We're not really at Woodstock.
The bar's customers have left,
They've finished their Martinis,
Hee hee!

NICE

La promenade des Anglais est envahie de Noirs américains
Qui n'ont même pas la carrure de basketteurs;
Ils croisent des Japonais partisans de la 'voie du sabre'
Et des joggeurs semi-californiens

Tout cela vers quatre heures de l'après-midi,
Dans la lumière qui décline.

NICE

The Promenade des Anglais is invaded by Black Americans
Who don't even have the build of basketball players;
They meet Japanese supporters of the 'way of the sword'
And some semi-Californian joggers

All at around four in the afternoon,
In the dying light.

L'ART MODERNE

Impression de paix dans la cour,
Vidéos trafiquées de la guerre du Liban
Et cinq mâles occidentaux
Discutaient de sciences humaines.

MODERN ART

Impression of peace in the courtyard,
Trafficked videos of the war in Lebanon
And five Western males
Discussed social science.

LE JARDIN AUX FOUGÈRES

Nous avions traversé le jardin aux fougères,
L'existence soudain nous apparut légère
Sur la route déserte nous marchions au hasard
Et, la grille franchie, le soleil devint rare.

De silencieux serpents glissaient dans l'herbe épaisse,
Ton regard trahissait une douce détresse
Nous étions au milieu d'un chaos végétal,
Les fleurs autour de nous exhibaient leurs pétales.

Animaux sans patience, nous errons dans l'Eden,
Hantés par la souffrance et conscients de nos peines,
L'idée de la fusion persiste dans nos corps:
Nous sommes, nous existons, nous voulons être encore,

Nous n'avons rien à perdre. L'abjecte vie des plantes
Nous ramène à la mort, sournoise, envahissante.
Au milieu d'un jardin nos corps se décomposent,
Nos corps décomposés se couvriront de roses.

THE GARDEN OF FERNS

We had passed through the garden of ferns,
Existence suddenly seemed light
On the deserted road we walked at random
And once we left the gates, the sun became scarce.

Silent snakes slid through the thick grass,
Your eyes revealed a gentle distress
We were in the midst of a vegetal chaos,
The flowers around us displayed their petals.

Animals without patience, we wander in our Eden,
Haunted by suffering and conscious of our cares,
The idea of fusion persists in our bodies:
We are, we exist, we still want to be,

We have nothing to lose. The wretched life of plants
Brings us back to death, sneaky, invasive.
In the middle of a garden our bodies decompose,
Our decomposed bodies will be covered with roses.

LA FILLE

La fille aux cheveux noirs et aux lèvres très minces
Que nous connaissons tous sans l'avoir rencontrée
Ailleurs que dans nos rêves. D'un doigt sec elle pince
Les boyaux palpitants de nos ventres crevés.

THE GIRL

The girl with black hair and very thin lips
Whom we all know without having met
Outside of our dreams. With a sharp finger she pinches
The palpitating bowels of our burst bellies.

VÉRONIQUE

La maison était rose avec des volets bleus,
Je voyais dans la nuit les traits de ton visage
L'aurore s'approchait, j'étais un peu nerveux,
La lune se perdait dans un lac de nuages

Et tes mains dessinaient un espace invisible
Où je pouvais bouger et déployer mon corps
Et je marchais vers toi, proche et inaccessible,
Comme un agonisant qui rampe vers la mort.

Soudain tout a changé dans une explosion blanche,
Le soleil s'est levé sur un nouveau royaume;
Il faisait presque chaud et nous étions dimanche,
Dans l'air ambiant montaient les harmonies d'un psaume.

Je lisais une étrange affection dans tes yeux
Et j'étais très heureux dans ma petite niche;
C'était un rêve tendre et vraiment lumineux,
Tu étais ma maîtresse et j'étais ton caniche.

VÉRONIQUE

The house was pink with blue shutters,
I could see in the night the features of your face
Dawn was approaching, I was a bit nervous,
The moon was sinking in a lake of clouds

And your hands drew an invisible space
Where I could move and spread out my body
And I walked towards you, near and inaccessible,
Like a dying man crawling towards death.

Suddenly all changed in a white explosion,
The sun rose on a new kingdom;
It was almost hot and it was Sunday,
In the air rose the harmonies of a psalm.

I could read a strange affection in your eyes
And I was very happy in my little kennel;
It was a dream tender and truly bright,
You were my mistress and I was your poodle.

Un champ d'intensité constante
Balaie les particules humaines
La nuit s'installe, indifférente;
La tristesse envahit la plaine.

Où retrouver le jeu naïf?
Où et comment? Que faut-il vivre?
Et à quoi bon écrire des livres
Dans le désert inattentif?

Les serpents rampent sous le sable
(Toujours en direction du Nord)
Rien dans la vie n'est réparable,
Rien ne subsiste après la mort.

Chaque hiver a son exigence
Et chaque nuit, sa rédemption
Et chaque âge du monde, chaque âge a sa souffrance,
S'inscrit dans la génération.

Ainsi, générations souffrantes,
Tassées comme des puces d'eau
Essaient de compter pour zéro
Les capteurs de la vie absente

Et toutes échouent, sans trop de drame,
La nuit va bien recouvrir tout
Et l'épuisement monogame
D'un corps enfoncé dans la boue.

A field of constant intensity
Sweeps away the human particles
Night sets in, indifferent;
Sadness invades the plain.

Where to find the naïve game?
Where and how? What must we live?
And what is the point in writing books
In the distracted desert?

Snakes slither beneath the sand
(Always towards the North)
Nothing in life is repairable,
Nothing remains after death.

Each winter has its demand
And each night, its redemption
And every age in the world, every age has its suffering,
Inscribed in the generation.

Thus, suffering generations,
Packed like water fleas
Try to count for nothing
The sensors of absent life

And they all fail, without too much fuss,
Night will soon cover all
And the monogamous exhaustion
Of a body sunk into the mud.

UN ÉTÉ À DEUIL-LA-BARRE

Reptation des branchages entre les fleurs solides,
Glissement des nuages et la saveur du vide:
Le bruit du temps remplit nos corps et c'est dimanche,
Nous sommes en plein accord, je mets ma veste blanche

Avant de m'effondrer sur un banc de jardin
Où je m'endors, je me retrouve deux heures plus loin.

Une cloche tinte dans l'air serein
Le ciel est chaud, on sert du vin,
Le bruit du temps remplit la vie;
C'est une fin d'après-midi.

A SUMMER IN DEUIL-LA-BARRE

Creeping of branches between the solid flowers,
Drift of the clouds and savour of the void:
The sound of time fills our bodies and it's Sunday,
We completely agree, I put on my white jacket

Before collapsing on a garden bench
Where I fall asleep, I awake two hours later.

A bell chimes in the serene air
The sky is hot, wine is served,
The sound of time fills life;
It's early evening.

MAISON GRISE

Le train s'acheminait dans le monde extérieur,
Je me sentais très seul sur la banquette orange
Il y avait des grillages, des maisons et des fleurs
Et doucement le train écartait l'air étrange.

Au milieu des maisons il y avait des herbages
Et tout semblait normal à l'exception de moi
Cela fait très longtemps que j'ai perdu la joie
Je vis dans le silence, il glisse en larges plages.

Le ciel est encore clair, déjà la terre est sombre,
Une fissure en moi s'éveille et s'agrandit
Et ce soir qui descend en Basse-Normandie
A une odeur de fin, de bilan et de nombre.

GREY HOUSE

The train made its way through the outside world
I felt very alone on the orange seat
There were fences, houses and flowers
And gently the train parted strange air.

Among the houses there were pastures
And everything seemed normal except me
It's been a long time since I lost all joy
I live in silence, it slips by in long tracks.

The sky is still clear, already the earth is dark,
A fissure in me awakens and grows
And this evening that falls in Basse-Normandie
Has an odour of ending, reckoning and number.

CRÉPUSCULE

Des masses d'air soufflaient entre les bosquets d'yeuses,
Une femme haletait comme en enfantement
Et le sable giflait sa peau nue et crayeuse,
Ses deux jambes s'ouvraient sur mon destin d'amant.

La mer se retira au-delà des miracles
Sur un sol noir et mou où s'ouvraient des possibles
J'attendais le matin, le retour des oracles,
Mes lèvres s'écartaient pour un cri invisible

Et tu étais le seul horizon de ma nuit;
Connaissant le matin, seuls dans nos chairs voisines,
Nous avons traversé, sans souffrance et sans bruit,
Les peaux superposées de la présence divine

Avant de pénétrer dans une plaine droite
Jonchée de corps sans vie, nus et rigidifiés;
Nous marchions côte à côte sur une route étroite,
Nous avions des moments d'amour injustifié.

TWILIGHT

Masses of air blew between the holm oak groves,
A woman was panting as if in childbirth
And the sand struck her naked and chalk-white skin,
Her two legs opened to my lover's fate.

The sea retreated beyond miracles
On black ground where possibilities opened
I waited for morning, the return of oracles,
My lips parted with an invisible cry

And you were the only horizon of my night;
Knowing the morning, alone in our neighbouring bodies,
We had passed through, without suffering or sound,
The superimposed skin of divine presence

Before penetrating a level plain
Scattered with bodies lifeless, naked, rigidified;
We were walking side by side on a narrow road,
We knew moments of unjustified love.

SOIR SANS BRUME

Quand j'erre sans notion au milieu des immeubles
Je vois se profiler de futurs sacrifices,
J'aimerais adhérer à quelques artifices,
Retrouver l'espérance en achetant des meubles

Ou bien croire à l'Islam, sentir un Dieu très doux
Qui guiderait mes pas, m'emmènerait en vacances,
Je ne peux oublier ce parfum de partance
Entre nos mots tranchés, nos vies qui se dénouent.

Le processus du soir alimente les heures,
Il n'y a plus personne pour recueillir nos plaintes;
Entre les cigarettes successivement éteintes,
Le processus d'oubli délimite le bonheur.

Quelqu'un a dessiné le tissu des rideaux
Et quelqu'un a pensé la couverture grise
Dans les plis de laquelle mon corps s'immobilise;
Je ne connaîtrai pas la douceur du tombeau.

EVENING WITHOUT MIST

When I wander oblivious among the buildings
I see future sacrifices emerge,
I would like to adhere to some artifice,
Rediscover hope through furniture shopping

Or believe in Islam, feel a very gentle God
Who would guide my feet, take me on holiday,
I cannot forget that scent of departure
Between our brusque words, our unravelling lives.

The evening process feeds the hours,
There is no one left to record our complaints;
Between each stubbed-out cigarette,
The forgetting process defines happiness.

Someone has designed the curtains' fabric
And someone has thought up the grey blanket
In whose folds my body goes still;
I will not know the softness of the grave.

Quand la pluie tombait en rafales
Sur notre petite maison
Nous étions à l'abri du mal,
Blottis auprès de la raison.

La raison est un gros chien tendre
Et c'est l'opposé de la perte
Il n'y a plus rien à comprendre,
L'obéissance nous est offerte.

Donnez-moi la paix, le bonheur
Libérez mon cœur de la haine
Je ne peux plus vivre dans la peur,
Donnez-moi la mesure humaine.

When torrential rain fell
On our little house
We were sheltered from evil,
Snuggled up against reason.

Reason is a big tender dog
The opposite of loss
There's nothing left to understand,
We are given obedience.

Give me peace, happiness
Free my heart from hate
I can no longer live in fear,
Give me human measure.

L'aube grandit dans la douceur
Le lait tiédit, petites flammes
Vibrantes et bleues, petites sœurs
Lait gonflé comme un sein de femme

Et le bruit du percolateur
Dans le silence de la ville;
Vers le Sud, l'écho d'un moteur;
Il est cinq heures, tout est tranquille.

Dawn grows in the softness
Milk warms up, little flames
Vibrant and blue, little sisters
Milk swollen like a woman's breast

And the sound of the percolator
In the silence of the city;
To the South, the echo of a motor;
It's five o'clock, all is tranquil.

Il existe un pays, plutôt une frontière,
Où la lumière est douce et pratiquement solide
Les êtres humains échangent des fragments de lumière,
Mais ils n'ont pas la moindre appréhension du vide.

La parabole du désir
Remplissait nos mains de silence
Et chacun se sentait mourir,
Nos corps vibraient de ton absence.

Nous avons traversé des frontières de craie
Et le second matin le soleil devint proche
Il y avait dans le ciel quelque chose qui bougeait,
Un battement très doux faisait vibrer les roches.

Les gouttelettes de lumière
Se posaient sur nos corps meurtris
Comme la caresse infinie
D'une divinité – matière.

There is a country, or rather a frontier,
Where light is soft and almost solid
Human beings exchange fragments of light,
But haven't the slightest understanding of the void.

The parable of desire
Filled our hands with silence
And everyone felt himself die,
Our bodies tingled in your absence.

We crossed frontiers of chalk
On the second morning the sun neared
Something was moving in the sky,
A gentle beat made the rocks vibrate.

The droplets of light
Fell on our wounded bodies
Like the infinite caress
Of a divinity – matter.

LES OPÉRATEURS CONTRACTANTS

Vers la fin d'une nuit, au moment idéal
Où s'élargit sans bruit le bleu du ciel central
Je traverserai seul, comme à l'insu de tous,
La familiarité inépuisable et douce
Des aurores boréales

Puis mes pas glisseront dans un chemin secret,
À première vue banal
Qui depuis des années serpente en fins dédales,
Que je reconnaîtrai.

Ce sera un matin apaisé et discret;
Je marcherai longtemps, sans joie et sans regret,
La lumière très douce des aubes hivernales
Enveloppant mes pas d'un sourire amical;
Ce sera un matin lumineux et secret.

L'entourage se refuse au moindre commentaire;
Monsieur est parti en voyage.
Dans quelques jours sûrement il y aura la guerre;
Vers l'Est le conflit se propage.

THE CONTRACTING OPERATORS

Near the end of a night, at the ideal moment
When the blue of the sky noiselessly widens
I will cross alone, as if unknown to all,
The inexhaustible and gentle familiarity
Of the Northern Lights

Then my feet will slip along a secret path,
At first sight banal
That for years has snaked labyrinthine,
That I will recognise.

It will be a calm and discreet morning;
I will walk for a long time, without joy or regret,
The soft light of winter dawns
Wrapping my steps with a friendly smile;
It will be a luminous and secret morning.

The family refuses to make the slightest comment;
Monsieur has gone off on a trip.
In a few days' time there will surely be war;
In the East the conflict is spreading.

LA LONGUE ROUTE DE CLIFDEN

À l'Ouest de Clifden, promontoire,
Là où le ciel se change en eau
Là où l'eau se change en mémoire,
Tout au bord d'un monde nouveau

Le long des collines de Clifden,
Des vertes collines de Clifden,
Je viendrai déposer ma peine.

Pour accepter la mort il faut
Que la mort se change en lumière
Que la lumière se change en eau
Et que l'eau se change en mémoire.

L'Ouest de l'humanité entière
Se trouve sur la route de Clifden,
Sur la longue route de Clifden
Où l'homme vient déposer sa peine
Entre les vagues et la lumière.

THE LONG ROAD TO CLIFDEN

To the west of Clifden, a headland,
Where sky turns to water
Where water turns to memory
Right at the edge of a new world

Along the hills of Clifden,
The green hills of Clifden,
I will come to leave my cares.

To accept death it is necessary
For death to turn to light
For light to turn to water
For water to turn to memory.

The West of all mankind
Is found on the road to Clifden,
On the long road to Clifden
Where man comes to leave his cares
Between waves and light.

Le maître enamouré en un défi fictif
N'affirme ni ne nie en son centre invisible
Il signifie, rendant tous les futurs possibles
Il établit, permet un destin positif.

Ressens dans tes organes la vie de la lumière!
Respire avec prudence, avec délectation
La voie médiane est là, complément de l'action,
C'est le fantôme inscrit au cœur de la matière

Et c'est l'intersection des multiples émotifs
Dans un noyau de vide indicible et bleuté
C'est l'hommage rendu à l'absolue clarté
La racine de l'amour, le cœur aperceptif.

The enamoured master in a fictional challenge
Neither affirms nor denies in his invisible centre
He signifies, making all futures possible
He establishes, permitting a positive fate.

Feel in your organs the life of light!
Breathe carefully, with delight
The middle path is there, complement to action,
It is the ghost inscribed in the heart of matter

And it is the intersection of multiple emotions
In a core of unspeakable and blueish void
It is the homage paid to absolute clarity
The root of love, the apperceptive heart.

PASSAGE

I.   Des nuages de pluie tournoient dans l'air mobile,
Le monde est vert et gris; c'est le règne du vent.
Et tout sens se dissout hormis le sens tactile . . .
Le reflet des tilleuls frissonne sur l'étang.

Pour rejoindre à pas lents une mort maritime,
Nous avons traversé des déserts chauds et blancs
Et nous avons frôlé de dangereux abîmes . . .
De félines figures souriaient en dedans

Et les volontés nues refusaient de mourir;
Venus de Birmanie, deux de nos compagnons,
Les traits décomposés par un affreux sourire,
Glissaient dans l'interorbe du signe du Scorpion.

Par les chemins austères des monts du Capricorne,
Leurs deux corps statufiés dansaient dans nos
    cervelles;
Les sombres entrelacs du pays de Fangorn
Engloutirent soudain l'image obsessionnelle.

Et quelques-uns parvinrent à l'ultime archipel . . .

PASSAGE

I.   Rainclouds billow in the mobile air,
          The world is green and grey; it is the reign of the
             wind.
          And all meaning dissolves save the sense of touch . . .
          The reflection of lime trees trembles on the pond.

          To slowly rejoin a maritime death,
          We walked across hot, white deserts
          And came close to a dangerous abyss . . .
          Feline figures were smiling within

          And naked wills refused to die;
          Come from Burma, two companions,
          Features distorted by an awful smile,
          Slipped into the inner orb of the Scorpio.

          Along the austere paths of the Capricorn mountains,
          Their transfixed bodies danced in our brains;
          The dark tracery of the land of Fangorn
          Suddenly engulfed the obsessive image.

          And some reached the last archipelago . . .

II.   C'est un plan incliné environné de brume;
Les rayons du soleil y sont toujours obliques
Tout paraît recouvert d'asphalte et de bitume,
Mais rien n'obéit plus aux lois mathématiques.

C'est la pointe avancée de l'être individuel;
Quelques-uns ont franchi la Porte des Nuages.
Déjà transfigurés par un chemin cruel,
Ils souriaient, très calmes, au moment du passage.

Et les courants astraux irradient l'humble argile
Issue, sombre alchimie, du bloc dur du vouloir
Qui se mêle et s'unit comme un courant docile
Au mystère diffus du Grand Océan Noir.

Un brouillard fin et doux cristallise en silence
Au fond de l'univers
Et mille devenirs se dénouent et s'avancent,
Les vagues de la mer.

II. It is an inclined plane surrounded by mist;
Where the sun's rays are always oblique
All seems covered in asphalt and bitumen,
But now nothing obeys mathematical laws.

It is the advanced point of individual being;
Some have crossed the Gate of Clouds.
Already transfigured by a cruel path,
They smiled, very calm, at the moment of passage.

And astral currents irradiate the humble clay
Born of, dark alchemy, the hard block of willpower
That blends and unites like a docile current
With the diffuse mystery of the Great Black Ocean.

A fine and soft fog crystallises in silence
In the depths of the universe
And a thousand destinies unravel and advance,
The waves of the sea.

Montre-toi, mon ami, mon double
Mon existence est dans tes mains
Je ne suis pas vraiment humain,
Je voudrais une existence trouble

Une existence comme un étang, comme une mer,
Une existence avec des algues
Et des coraux, et des espoirs, et des mondes amers
Roulés par la pureté des vagues.

L'eau glissera sur mon cadavre
Comme une comète oubliée
Et je retrouverai un havre,
Un endroit sombre et protégé.

Avalanche de fausses raisons
Dans l'univers privé de sens,
Les soirées pleines de privation,
Les murailles de la décadence.

Comme un poisson de mer vidé,
J'ai donné mes organes aux bêtes
Mes intestins écartelés
Sont très loin, déjà, de ma tête.

La chair fourmille d'espérance
Comme un bifteck décomposé,
Il y aura des moments d'errance
Où plus rien ne sera imposé.

Show yourself, my friend, my double
My existence is in your hands
I am not truly human,
I would like a murky existence

An existence like a pond, like a sea,
An existence with seaweed
And coral, and hopes, and bitter worlds
Cheated by the purity of the waves.

Water will run over my corpse
Like a forgotten comet
And I will find a haven,
A dark and protected place.

Avalanche of false reasons
In a meaningless universe,
Evenings full of privation,
The great walls of decadence.

Like a filleted sea-fish,
I gave my organs to the beasts
My torn out intestines
Already far from my head.

Flesh swarms with hope
Like a decomposed steak,
There will be wandering moments
When nothing more will be imposed.

Je suis libre comme un camion
Qui traverse sans conducteur
Les territoires de la terreur,
Je suis libre comme la passion.

I am as free as a lorry
Crossing driverless
The territories of terror,
I am as free as passion.

Les couleurs de la déraison
Comme un fétiche inachevé
Définissent de nouvelles saisons,
L'inexistence remplit l'été.

Le soleil du Bouddha tranquille
Glissait au milieu des nuages
Nous venions de quitter la ville,
Le temps n'était plus à l'orage.

La route glissait dans l'aurore
Et les essuie-glaces vibraient,
J'aurais aimé revoir ton corps
Avant de partir à jamais.

The colours of madness
Like an unfinished fetish
Define new seasons,
Non-existence fills the summer.

The sun of the tranquil Buddha
Moved amidst the clouds
We had just left the city,
The sky no longer stormy.

The road passed in the dawn
And the windscreen-wipers vibrated,
I would have liked to see your body again
Before leaving for ever.

Les champs de betteraves surmontés de pylônes
Luisaient. Nous nous sentions étrangers à nous-mêmes,
Sereins. La pluie tombait sans bruit, comme une aumône;
Nos souffles retenus formaient d'obscurs emblèmes
Dans le ciel du matin.

Un devenir douteux battait dans nos poitrines,
Comme une annonciation.
La civilisation n'était plus qu'une ruine;
Cela, nous le savions.

The beetroot fields conquered by pylons
Gleamed. We felt strangers to ourselves,
Serene. Rain fell silently, like alms;
Our gentle breathing formed obscure emblems
In the morning sky.

An uncertain future beat in our chests,
Like an Annunciation.
Civilisation was now a mere ruin;
That, we knew.

Nous avions pris la voie rapide;
Sur le talus, de grands lézards
Glissaient leur absence de regard
Sur nos cadavres translucides.

Le réseau des nerfs sensitifs
Survit à la mort corporelle
Je crois à la Bonne Nouvelle,
Au destin approximatif.

La conscience exacte de soi
Disparaît dans la solitude.
Elle vient vers nous, l'infinitude;
Nous serons dieux, nous serons rois.

We had taken the fast lane;
On the bank, big lizards
Slid their absent eyes
Over our translucent corpses.

The network of sensitive nerves
Survives bodily death
I believe in Good News,
In approximate fate.

Exact self-consciousness
Disappears in solitude.
It comes to us, infiniteness;
We will be gods, we will be kings.

Nous attendions, sereins, seuls sur la piste blanche;
Un Malien emballait ses modestes affaires
Il cherchait un destin très loin de son désert
Et moi je n'avais plus de désir de revanche.

L'indifférence des nuages
Nous ramène à nos solitudes
Et soudain nous n'avons plus d'âge,
Nous prenons de l'altitude.

Lorsque disparaîtront les illusions tactiles
Nous serons seuls, ami, et réduits à nous-mêmes;
Lors de la transition de nos corps vers l'extrême,
Nous vivrons des moments d'épouvante immobile.

La platitude de la mer
Dissipe le désir de vivre;
Loin du soleil, loin des mystères,
Je m'efforcerai de te suivre.

We were waiting, serene, alone on the white runway;
A Malian man was packing his few things
He sought a fate far from his desert
And I no longer had any desire for revenge.

The clouds' indifference
Returns us to our solitudes
And suddenly we are ageless,
We gain altitude.

When tactile illusions disappear
We will be alone, friend, and reduced to ourselves;
With the transition of our bodies towards the extreme,
We will live moments of still horror.

The flatness of the sea
Destroys the will to live;
Far from the sea, from mystery,
I will strive to follow you.

Dans l'abrutissement qui me tient lieu de grâce
Je vois se dérouler des pelouses immobiles,
Des bâtiments bleutés et des plaisirs stériles
Je suis le chien blessé, le technicien de surface

Et je suis la bouée qui soutient l'enfant mort,
Les chaussures délacées craquelées de soleil
Je suis l'étoile obscure, le moment du réveil
Je suis l'instant présent, je suis le vent du Nord.

Tout a lieu, tout est là, et tout est phénomène,
Aucun événement ne semble justifié;
Il faudrait parvenir à un cœur clarifié;
Un rideau blanc retombe et recouvre la scène.

In the mindlessness that takes the place of grace
I see immobile lawns unfold,
Blueish buildings and sterile pleasures
I am the wounded dog, the cleaner

And I am the lifebelt supporting the dead child,
The unlaced shoes cracked by the sun
I am the dark star, the moment of awakening
I am the present moment, I am the north wind.

All happens, all is there, and all is phenomenon,
No event seems justified;
We would need to attain a pure heart;
A white curtain falls and covers the stage.